경제학자의 사생활

Private Life of Economist

경제학자의 사생활

우리의 24시간을 지배하는 모든 것의 경제학

하노 벡 지음 | 박희라 옮김

와이즈맵

옮긴이 | 박희라

서울대학교 독어독문학과를 졸업하고 〈월간 말〉과 〈민주일보〉, 〈일요신문〉 등에서 기자로 일했다. 현재
는 전문 번역가로 활동하고 있으며, 옮긴 책으로는 《경영의 세기》, 《보도 섀퍼의 나는 이렇게 부자가 되었
다》, 《이상한 전쟁》, 《마케팅 승부사》, 《성공하는 여성들의 마음을 사로잡는 리더십》, 《똑똑하게 대화하
라》, 《스타트업 게릴라 마케팅》, 《모든 책의 역사》 등이 있다.

경제학자의 사생활

2017년 10월 25일 초판 인쇄
2017년 10월 30일 초판 발행

지은이 | 하노 벡
옮긴이 | 박희라

발행인 | 유영준
교정교열 | 이숙
디자인 | 김윤남
발행처 | 와이즈맵
출판신고 | 제2017-000130호(2017년 1월 11일)

주소 | 서울 강남구 봉은사로16길 14, 나우빌딩 4층 쉐어원오피스 401호(우편번호 06124)
전화 | (02)554-2948
팩스 | (02)554-2949
홈페이지 | www.wisemap.co.kr

ISBN 979-11-961444-1-8 (03320)

이 도서의 국립중앙도서관 출판예정도서목록(CIP)은 서지정보유통지원시스템 홈페이지
(seoji.nl.go.kr)와 국가자료 공동목록시스템(www.nl.go.kr/kolisnet)에서
이용하실 수 있습니다. (CIP제어번호 : CIP2017025214)

경제학자의 즐거운 사생활로의 초대

경제학자에게는 휴일이 없다. 휴일은커녕 잠시도 쉬지 않고 곡선을 그리고, 방정식을 계산하고, 기묘한 그래프와 씨름하며 하루하루를 보내야 한다. 원자물리학자나 버스운전사 혹은 제빵사라면 퇴근 후에는 일을 손에서 내려놓을 수 있겠지만, 경제학자들은 집에 돌아와서도 일에서 벗어날 수가 없다. 이유는 간단하다. 경제학자에게는 365일, 24시간이 해결해야 할 과제로 가득하기 때문이다.

일상의 모든 순간, 거의 모든 사생활이 경제학자들에게 도전장을 내민다. 왜 마트에 갈 때마다 다른 계산대의 줄이 더 빨리 줄어드는 걸까? 왜 이동통신사들은 휴대폰을 공짜로 제공하는 걸까? 새 차보다 효율적인 조건에 중고차를 살 수 있을까? 가성비가 뛰어난 식당을 찾아내는 방법이 따로 있을까? 왜 청바지 회사는 세컨드 제품(속칭 B급)을 판매하는 걸까? …… 이런 일상의 모든 질문과 호기심이 바로 나를 비롯한 경제학자들의 대답을 기다리고 있다.

물론 어떤 사람들은 내게 반문할지도 모른다. 그런 소소한 일상생활이 경제학과 관련이 있다고? 그런 사소한 일들에 전문 경제학자들이 관심을 갖고 있다고? 내 대답은 두 번 생각할 것도 없이 바로 "그렇다"이다. 이런 사생활 구석구석에서 문득 떠오르는 호기심, 그와 관련된 모든 관찰이 경제학자들에게는 훌륭한 도전과제다. 연구실에서 섬세하게 조각된 경제학 이론을 현실에 적용해보는 완벽한 기회가 될 수 있기 때문이다.

내 경제학 이론이 마트에 갈 때마다 겪는 '내 줄만 줄어들지 않는 현상'에 대한 궁금증을 해소해줄 수 있지 않을까? 멀쩡한 명품 청바지를 흠이 있다면서 굳이 할인가에 판매하는 것에 대해, 이동통신사가 신규 가입자에게 단말기를 공짜로 주는 것도 모자라 푸짐한 사은품과 다양한 혜택까지 안기는 것에 대해 경제학자들은 뭐라고 해석할까?

해명이 필요한 문제가 등장할 때마다, 상식적으로는 납득할 수 없는 현상이 일어나는 곳마다, 나는 경제학자로서 해답을 찾아내고 싶은 도전의식을 느낀다. 그런 사명감은 결코 주말이라고 멈추지 않으며, 누군가 쓸데없는 시간낭비라고 비웃더라도 사그라들지 않는다. 그 모든 것이 결국 우리의 인생과 밀접하게 연결되어 있기 때문이다.

우리 일상의 다양한 현상에 대한 경제학적 설명이 아무리 단순하고 진부하게 느껴지더라도, 그 이면에는 노벨상 수상자를 비롯한 각 분야 최고 경제학자들의 이론과 사색과 성찰이 담겨 있다. 그뿐 아니다. 사소한 일상에 대한 경제학적 관찰은 정치가 그토록 엉망인 이유까지도 설명해준다. 사람들이 생활 속에서 경제학을 얼마나 직관적으로 이해하고 적용하는지, 그럼에도 불구하고 저 거창한 정치에서는 이런 경제학의 역할을 얼마나 불신하고 있는지를 느낄 때마다 나는 깜짝깜짝 놀라곤 한다. 이 책을 통해 나는 사람들의 그런 의식의 지평이 조금이라도 확장되기를 기대한다.

하루 일과가 끝나면 나는 소파에 몸을 묻고 하루를 돌아본다. 오늘은 어떤 사생활이 새롭고 흥미진진한 수수께끼를 안겨주었나 자문하고 그 해답을 떠올려본다. 종종 놀라운 해답이 발견되면, 그 기쁨의 순간 나는 경제학의 상아탑에서 궁리해낸 이론의 힘에 감탄하곤 한다. 독자 여러분도 이 책에 소개된 사소한 관찰들을 통해 일상 속에서 빛을 발하는 경제학의 역할과 효용을 느끼셨으면 좋겠다. 아울러 경제학자의 즐거운 사생활, 일상 속 기발한 호기심 해결에 함께 참여해보시기를 권한다.

하노 벡

2장

경제학자는 투자에서 결코 손해 보지 않을까?

3장

경제학자는 과연 미래를 예측할 수 있을까?

1장

경제학자는 언제나
합리적인 선택을 할까?

"5분만 더 침대에 누워 있을까, 아니면 지금 바로 일어나 조깅을 하러 나갈까?"
매일 아침 이렇게 스스로에게 묻는 것은 어떤 선택이 자신의 삶을 더 낫게 만들어줄지
경제학적으로 판단하고 있는 것이다. 이처럼 단순해 보이는 일상적인 삶 속에도
수없이 많은 경제적인 계산이 녹아 있다.

경제학자에게는 '목표'가 없다

"경제학은 인간의 일상을 연구하는 학문이다."
– 앨프리드 마셜 –

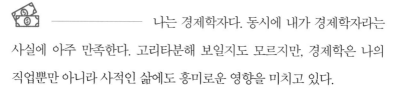 나는 경제학자다. 동시에 내가 경제학자라는 사실에 아주 만족한다. 고리타분해 보일지도 모르지만, 경제학은 나의 직업뿐만 아니라 사적인 삶에도 흥미로운 영향을 미치고 있다.

물론 '경제학자란 늘 냉정하고, 돈만 생각하며, 모든 것에 경제적인 잣대를 들이대고 계산기를 두들겨봐야 직성이 풀리는 인간'이라고 생각하는 주변 사람들의 비난 어린 눈길을 받을 때면 나도 살짝 위축이 된다. 그렇다면 정말 그런가? 하지만 나를 비롯해 내가 아는 많은 경제학자는 결코 계산기와 경제적 이기주의를 예찬하는 냉정한 사람들이 아니다.

나는 경제학자들이 하는 일이 옳을 뿐만 아니라, 우리의 일상생활에 무척 중요한 일이라고 생각한다. 또 우리 모두는, 스스로 인식하지 못할 뿐, 이미 경제학자이며 늘 경제학자처럼 사고하고 행동한다고 생각한다.

선택의 경제학, 5분만 더 잘까 조깅하러 나갈까?

"그게 나하고 무슨 상관이야?"

어쩌다 내 직업인 경제학에 대해 이야기할라치면 친구들은 대개 이렇게 말한다. 그런데 정말 상관이 없는 걸까? 나는 절대 그렇지 않다고 생각한다. 나는 경제학만큼 우리의 생활과 밀접한 학문은 없다고 믿는다. 인간의 삶에 경제학보다 더 깊이 뿌리내린 학문은 없다고 감히 확신한다. 나는 그걸 입증할 수도 있다고 자신있게 말할 수 있다. 그러기 위해 경제학에서 정말 중요하게 여기는 것이 무엇인지부터 설명해보려고 한다.

경제학에 대해 완벽하리만큼 정곡을 찌른 한마디가 있는데, 바로 조지 버나드 쇼가 남긴 말이다.

"경제는 삶이라는 재료로 최선의 것을 만들어내는 것이다."

그의 말대로 경제란 바로 일상에서, 자신의 삶에서 최선의 것을 끌어낸다는 뜻이다. 우리는 모두 각자의 삶에서 최선의 것을 만들어내기 위해 매순간 결단을 내린다. 5분만 더 침대에 누워 있을까, 아니면 지금 바로 조깅을 하러 나갈까? 커피를 마실까, 차를 마실까? 지하철을 탈까, 택시를 탈까? 지금 직업이 나에게 맞는 걸까, 아니면 전업을 고려해야 할까? 마가린을 살까, 버터를 살까? …… 우리는 이렇게 끝이 없는 선택의 기로에 매번 맞닥뜨린다. 어떤 선택은 쉽지만, 대부분의 선택은 어렵다. 한쪽을 선택한다는 것은 대개 자동적으로 다른 쪽을 포기한다는 의미이기 때문에, 선택을 앞둔 우리의 고민은 깊어질 수밖에 없다. 그런 길고 짧은 고민 끝에 내가 어떤 결정을 내렸는데, 그것이 최선의 만족을 이끌어낸다면, 그것이 바로 '경제적인' 선택이고 계산이다.

물론 당신은 아침에 잠을 더 잘 것인가, 조깅을 하러 나갈 것인가 결정하는 문제가 경제랑 무슨 상관이 있느냐고 물을지도 모른다. 식사 후에 커피를 마실지, 차를 마실지 선택하는 데 왜 경제적인 계산이 필요한가 의아해할 수도 있다. 그렇다면 다시 한 번 버나드 쇼의 말을 떠올려보자. 경제란 무수히 많은 대안, 즉 옵션 중에서 내 삶을 최선으로 만드는데 도움을 줄 한 가지를 선택하는 것이다. 경제란 이것과 저것을 저울질하고 각각의 손익을 계산하는 것이며, 이런 과정의 끝에는 이익을 한층 높여줄 현명한 결정이 위치한다.

우리가 이런 식의 경제학적인 해석을 낯설어하는 이유는, 대부분의 사람들이 '경제학이란 돈을 버는 데 전념하는 학문'이라는 피상적인 선입견을 갖고 있기 때문이다. 하지만 이것은 마트 입구에 가격표가 붙은 꽃다발을 잔뜩 진열해놓았다는 이유로, 그 마트에서는 꽃만 팔 거라고 추측하는 것과 같다. 경제학에서 정말 중요하게 생각하는 것은 이익의 극대화, 다시 말해 삶에서 최선을 만들어가는 것이다. 그 이익을 따져볼 때 주로 돈이 척도로 이용되는 것은 그런 단위가 있으면 이익의 정도를 비교하기가 한결 수월하기 때문이다. 여기서 우리가 잊지 말아야 할 것은, 우리의 목표는 돈이 아니라 인간의 이익이라는 점이다. 돈은 그런 이익을 측정하는 여러 방법 중 하나일 따름이다.

우리는 이익의 극대화를 위해 쉼없이 계산한다

"5분만 더 침대에 누워 있을까, 아니면 지금 바로 일어나 조깅을 하러 나갈까?"

당신이 매일 아침 이렇게 스스로에게 묻는 것은, 어떤 선택이 당신의 삶을 더 낫게 만들어줄지 자신도 모르는 사이에 저울질하고 있는 것이다. 이것을 경제학적 언어로 표현하면, 당신은 '두 가지 대안 중에서 어떤 선택이 내 이익을 극대화시킬지 계산하고 있다'고 할 수 있다.

이처럼 우리가 매일같이 반복하고 있는, 아주 단순해 보이는 일상적인 삶 속에도 수없이 많은 경제적인 계산이 이미 녹아 있는 것이다. 물론 매순간 우리가 그처럼 의식적으로 세밀하게 계산을 하는 건 아니지만, 어쨌거나 경제학적인 관점에서 볼 때 그 원칙은 동일하다. 결국 우리가 행하는 모든 일에 앞서 우리는 비용과 이익을 따지고, 찬성과 반대 또는 할지 말지를 두고 저울질한다. 그리고 아주 드물게 유로나 센트 같은 '화폐 단위'로 비용과 이익을 측정하기도 한다.

물론 당신은 당신의 모든 행동이 결코 이익의 극대화만을 위한 것은 아니라고 항변할지도 모른다. 자선단체를 위한 봉사, 지역사회를 위한 행사 참여 등을 예로 들면서 말이다. 하지만 당신이 누군가를 위해 봉사했거나 무언가를 기부했을 때 어떤 느낌이 드는지 한번 떠올려보시라. 대부분의 사람들은 당연히 만족감을 느낄 것이다. 그렇다면 우리는 기부와 봉사라는 행동이 스스로에게 만족감을 주었으므로, 확실히 이익이 된다고 판단할 수 있다. 그래서 다음에도 다시 기부와 봉사를 하게 되는 것이다. 이렇듯 우리 행동의 대부분은 자신의 이익을 극대화시키는 데 맞춰져 있으며, 나는 이것이야말로 경제학의 기본 전제라고 생각한다.

경제학자는 내비게이션일 뿐, 목적지의 선택은……

"경제학이란 동기에 반응하는 것이다."

우리의 행동모델을 이 문장보다 더 간단하고 명료하게 정리할 수는 없다. '인간은 동기에 반응한다'는 개념을 이해하는 사람은 경제학자가 되기 위한 소양을 완벽하게 갖춘 셈이다. 이 개념은 인간이 효용성, 다시 말해 이익의 극대화를 원한다는 성찰에서 나온 것이다.

많은 사람이 아침마다 '조금 더 잘까, 일어나서 조깅을 하러 나갈까?' 하는 갈등에 빠진다. 조깅을 하면 기분이 상쾌해져 하루를 보다 힘차게 보낼 수 있다는 걸 경험한 사람이라면 당연히 당장 자리를 박차고 일어날 것이다. 이는 동기(힘찬 하루를 바라는 마음)가 직접적으로 행동(조깅을 하기 위해 일어나기)에 영향을 미친 결과다.

커피와 차를 두고 종종 발생하는 갈등도 마찬가지다. 밤 10시 이후에 커피를 마시면 잠이 잘 안 온다는 것을 알고 있다면, 미련없이 허브차를 선택할 것이다. 이 또한 동기(편안한 취침을 바라는 마음)가 결정(허브차 선택)에 영향을 미친 것이다.

이제 우리는 누가 어떤 선택을 하고 무슨 행동을 하든, 그것은 그 사람의 이익 추구와 그에 결부된 동기라는 구도에 기반하고 있음을 알 수 있다. 그리고 당신이 이런 견해에 공감한다면, 당신도 이제 엄연한 경제학자라고 할 수 있다. 당신과 전문 경제학자들의 유일한 차이점은, 당신은 이런 계산을 종종 무의식적으로 하지만, 전공으로 무장한 경제학자들은 동기와 이익을 사전에 인식하고 계산한다는 것뿐이다.

여기서 한 가지 기억해야 할 것은, 경제학자는 결코 무엇이 최고의 이익을 가져다줄 것인지 규정하지 않는다는 것이다. 스스로 행복을 느낄 수 있는 선택을 하는 건 전적으로 자신의 몫이기 때문이다. 경제학자는 단지 그 과정을 조금 더 체계화해서 제시하거나, 어떻게 하면 좀 더 빠르고 효율적으로 목표에 도달할 수 있는지 조언을 해줄 뿐이다.

자, 이제 우리는 경제학자 본연의 임무를 파악했다. 그들은 한마디로 '사회 엔지니어'라고 할 수 있다. 당신이 원하는 목표와 주어진 조건 아래에서, 어떻게 하면 가장 빠르고 효율적으로 보다 나은 삶으로 가는 길을 찾을 수 있을지에 대해 간단한 조언을 해줄 뿐, 그 이상도 이하도 아니다. 말하자면 내비게이션의 역할을 하는 것이다.

경제학자란 이익을 최우선시하는 계산기가 아니다. 이익은 우리의 사고체계에서 하나의 카테고리일 뿐, 가장 중요한 것은 아니다. 오히려 정반대라고 할 수 있다. 만약 나를 비롯한 경제학자들에게 가난을 퇴치할 수 있는 방법을 묻는다면, 우리는 기꺼이 그 문제에 몰두해 만족스러운 해법을 찾아내기 위해서 모든 노력을 기울일 것이다. 경제학자의 목표는 '목표' 그 자체가 아니라, 그 목표에 도달할 수 있는 효과적인 방법을 찾아내는 것이다. '어디로 갈지'를 결정하는 것은 당신의 몫이다. 당신이 목표를 결정하고 나면, 경제학자들은 '어떻게 갈지'에 대한 방법을 제공할 것이다.

　사회로 확장해서 보자면, 우리 사회가 어떤 목표를 추구할지에 대해서는 구성원마다 이견이 있을 수 있다. 가장 합당한 목표를 찾는 일은 경제학자만의 과제가 아니라 사회 전체의 과제일 것이다. 하나의 목표가 정해진 후, 그것이 적절하지 못하다는 비판은 얼마든지 있을 수 있지만, 경제학자들은 일단 그 목표에 도달할 수 있는 가장 효과적인 방법을 찾아내기 위해 노력할 것이다. 사람들로 하여금 저마다 보다 나은 삶으로 향하는 길을 찾도록 거들겠다는 경제학자들의 목표가 비난받을 일이라면, 우리는 그런 비난을 달게 받을 준비가 되어 있다.

긴 줄에 서는 것이 경제적인 이유

"비즈니스의 세계에 있는 화폐는 현금과 경험이다.
경험을 먼저 취하면 현금은 뒤따라오게 마련이다."
– 해럴드 제닌 –

마트에서 쇼핑을 마치고 그 많은 계산대 중 비교적 사람이 적은 곳을 골라 재빨리 카트를 끌고 가 줄을 서면 꼭, 다른 계산대의 줄이 더 빨리 줄어든다. 꽉 막힌 고속도로에서 그나마 차들이 좀 빠지는 옆 차선으로 바꿔타면 꼭, 원래 있던 차선의 차들이 내 차를 앞질러간다. 대부분의 사람들이 이런 경험을 하고, 그때마다 치솟는 짜증으로 쇼핑이나 여행을 망치곤 한다.

하지만 나는 마트에서 어떤 계산대 앞에 줄을 설지, 혹은 정체된 도로에서 어떤 차선으로 운전할지 따위의 문제로 신경을 허비하거나 스트레스를 받지 않는다. 내가 어떤 선택을 하건 결국 걸리는 시간은 비슷하다는 걸 알기 때문이다. 어떻게 아냐고? 나는 다름 아닌 경제학자이기 때문이다.

모든 사람은 더 빠른 줄에 서고 싶어 한다

마트에서 쇼핑이 끝나갈 때쯤 모든 사람은 비슷한 생각을 떠올린다. '어떤 계산대로 가서 줄을 서야 가장 빠를까?'

마트에서도 사교활동을 하려고 하는 사람들은 제외하자. 그들은 오히려 긴 줄을 선호할 테니 말이다. 내 친구 캐사르 같은 사람도 빼주자. 그는 언제나 가장 예쁜 직원이 있는 계산대로 가서 줄을 서니까.

이렇듯 예외적인 소수를 제외하고는 대부분의 쇼핑객은 '빠른 줄'에 서고 싶어 한다. 그래서 모든 사람이 각자의 카트를 끌고 가장 짧아 보이는 줄에 가서 선다. 결국 조금 전까지 짧았던 줄에는 동시에 많은 사람이 몰려들어 모든 줄의 길이가 일순간 비슷해진다. 당연히 모든 계산대의 대기시간도 비슷해진다.

정리를 해보자. 현재 A계산대의 줄이 가장 길고 B계산대의 줄이 가장 짧다. 그걸 본 A계산대 줄에 서 있던 사람들이 B계산대의 줄로 옮겨간다. 결국 A계산대의 줄은 사람들이 빠져나가며 줄어들고, B계산대의 줄은 늘어나, 결과적으로 두 계산대의 평균 대기시간은 같아지는 것이다. 그러다 B계산대의 줄이 다소 길어지면 쇼핑객들은 다시 A계산대 앞에 줄을 서기 때문에, 양쪽의 줄은 계속 같아진다.

눈치 빠른 독자라면, 내가 말하는 것이 '평균' 예상 대기시간임을 눈치채셨을 것이다. 이것이 '계산대 대기 줄 이론'에 도사린 함정이다. 쇼핑객 각자의 실제 대기시간 자체가 같아진다는 것이 아니라, 모든 고객의 평균 대기시간이 결국 같아진다는 것이다. 따라서 '평균적으로는' 짧은 줄을 찾아 열심히 눈치를 보거나, 어떤 줄을 선택하면 더 빠를지 애써 고민할 필요가 없다는 뜻이다. 그러니 그냥 긴 줄에 서서 내가 서지 않은 줄이 더 빨리 줄어들 거라고 생각해버리는 게 속 편하다. 그러면 종종 그 예상이 빗나가는 기쁨을 누릴 수 있을 테니 말이다.

꽉 막힌 도로에서의 차선에도 같은 원리가 작용한다. 많은 운전자가 어떤 차선이 더 빠를지 머리를 굴려가며 차선을 바꿔보지만, 마트 계산대의 줄서기와 동일하게, 평균 운행시간은 같아진다. 특별히 빠른 차선이란 없는 것이다. 나를 비롯한 경제학자들은 대부분 도로에서 비교적 느긋하게 자기 차선을 지킨다. 시간이 많아서가 아니라, 결국 더 빠른 차선은 없다는 걸 알고 있기 때문이다. 이것은 경제학자가 세상을 어떻게 바라보는지를 보여주는 한 가지 사례다.

불균형은 자동적으로 조정된다! 정말?

불균형 상황, 즉 마트에서 각 계산대의 대기시간이 다르거나, 도로에서 각 차선의 운행시간이 다른 상황은 시간이 지나면서 해소된다. 이렇게 불균형한 상황은 사람들로 하여금 그 불균형을 해소하는 쪽으로 행동하게끔 만드는 동기를 제공하기 때문이다. 마트에서는 좀 더 빨리 계산을 마치고 싶다는, 막힌 도로에서는 다른 차보다 빨리 목적지에 도달하고 싶다는 동기가 작용한다.

이것은 모든 시장의 기본 원칙이다. 수요가 충족되지 않으면(따라서 불균형이 나타나면) 그 수요를 충족시키기 위해 행동하게 되고, 그럼으로써 불균형을 제거할 수 있는 메커니즘이 자동적으로 등장하게 마련이다.

그렇다고 이런 메커니즘이 완벽해서 모든 불균형 상황이 100퍼센트 해소된다고 주장하는 것은 아니다. 균형으로 나아가는 길은 멀고 험난할 수 있다. 그래서 그 조정 과정에서 균형 자체가 바뀌기도 한다. '계산대 대기 줄 이론'이 말해주는 것은 대기 줄의 기대 차이가 줄어들었다는 것일 뿐, 시장경제의 실제 결말이 경제학적 이론이 제시하는 기대와 항상 일치한다는 의미는 아니다. 게다가 인간의 행동양식은 종종 다양한 동기로 인해 조종을 받기 때문에, 종종 불균형의 해소에 기여하는 힘들에 역행하기도 한다.

교통정체의 경우를 살펴보자. 내 이론이 맞다면, 사실 휴가철마다 반복되는 교통정체는 더 이상 발생하지 않아야 한다. 모든 운전자가 이런 정체를 예상하고 행동해 정체가 자동적으로 해소될 테니 말이다. 실제로 많은 휴가객이 정체를 피하기 위해 밤늦게 출발한다든지, 휴가를 하루나 이틀 앞당기거나 늦추기도 한다. 하지만 이런 회피 메커니즘조차 "교통관제센터에서 알려드립니다. 휴가철을 맞아 모든 고속도로에서 최악의 교통정체가 빚어지고 있습니다"라는 멘트를 피해가지 못한다. 왜 그럴까? 다양한 이유가 있겠지만, 그중 하나는 대부분의 사람들이 자동차로 휴가를 떠나려 하거나 떠날 수 있는 시간의 폭이 아주 짧기 때문일 것이다. 아무튼 이런저런 이유로 인해 실제 현실은 종종 경제학자의 냉철한 관찰과 예상에서 빗나가곤 한다.

조정 시간이 길어지면 발생하는 '돼지사이클'

'불균형은 자동적으로 조정된다'는 성찰은 기본적으로 경제학자가 가장 중요하게 여기는 시장에서도 적용된다. 어떤 재화에 대한 수요가 많으면 가격이 상승하고, 가격이 상승하면 소비자는 소비를 줄이고 생산자는 생산을 확대한다. 가격 상승은 '여기 불균형이 존재한다'는 의미다 (긴 줄이 대기시간의 불균형을 보여주는 것과 유사하다). 이것은 소비자에게는 소비를 줄여야 한다는, 생산자에게는 생산을 늘려야 한다는 동기를 제공한다. 이렇게 해서 수요가 충족되고, 그럼으로써 불균형이 해소된다. 이 두 가지 측면, 즉 가격 상승과 그와 결부된 소비의 감소 내지는 생산 증가에 의해 최초의 불균형, 즉 과다한 수요는 다시 균형을 찾아가는 것이다.

하지만 우리 삶의 많은 부분이 그렇게 도식적으로, 논리적으로만 흘러가지는 않듯이, 시장도 마찬가지다. 그 한 가지 예가 양돈업이다. 돼지고기 시장에서는 다음과 같은 일이 주기적으로 반복된다. 한 해에는 돼지고기 공급이 너무 과다해서 가격이 하락하고, 그 다음 해에는 돼지고기 구하기가 어려워져 가격이 상승한다. 경제학 교과서에 '돼지사이클'이라는 이름으로 실린 이런 현상이 나타나는 건 돼지 사육에 시간이 오래 걸리기 때문이다.

첫 해에 돼지고기 가격이 하락하자 농부들은 양돈이 별로 돈벌이가 되지 않는다고 생각해, 그 다음 해에는 새끼돼지를 키우지 않았다. 그런데 아주 많은 농부가 동시에 그렇게 생각했기 때문에, 다음 해 돼지고기는 품귀현상을 빚고 가격이 비싸진다. 그러면 농부들은 다시 돼지를 많이 사육하게 되고, 다음 해에는 가격이 다시 바닥으로 곤두박질친다. 계속 그런 식이다.

'계산대 대기 줄' 사례와는 다르게, 여기서는 조정 과정에 시간이 너무 오래 걸려서, 불균형에 대한 원래의 반응이 장기적으로는 다시 불균형을 초래한 것이다. 농부들이 이런 사이클을 알았더라면, 그해의 돼지 수요-공급 상황과 반대로 돼지 사육을 조정했을 것이다. 하지만 실제로 당장 가격이 떨어지는데 공급을 늘린다는 건, 대부분의 사람에게 옳은 일로 느껴지지 않는다.

그런데 양돈에서뿐만 아니라 노동시장에서도 이런 사이클이 발견된다. 교사 홍수, 의사 홍수, 엔지니어 가뭄…… 이 모든 것이 전형적인 돼지사이클이다. 특정 직종 노동력의 과잉공급(홍수)은 임금 하락과 일자리 감소로 이어지고, 그 결과 잠재적인 직업 후계자 세대는 이런 직종에 진출하기를 꺼리게 된다. 노동시장에서는 특히 직업훈련 기간이 필요해 반응이 지연되기 때문에, '홍수'는 곧장 '가뭄'으로 바뀐다.

특별히 학문 관련 직업에서 이런 돼지사이클이 자주 발생하는 것은 결코 우연이 아니다. 오랜 교육기간은 피교육자의 조정 반응이 지연되는 주원인이기 때문이다. 이렇게 공급 측면에서 지연된 조정 반응이 초래한 불균형은 곧바로 다른 불균형으로 이어진다.

이런 메커니즘은 집값에서도 찾아볼 수 있다. 집값이 비쌀 때 건축을 계획하더라도, 새로운 건물이 완성될 때까지는 한동안 시간이 걸리기 때문에, 종종 건축 후 집값이 곤두박질치기도 한다.

계산대 앞 줄이나 고속도로 차선의 경우는 이와 반대로, 불균형이 즉시 자동적으로 조정될 수 있다. 그 때문에 대기 줄은 일반적으로 아주 효율적이라고 나는 생각한다. 아무리 다른 줄이 더 빨리 줄어드는 것 같은 느낌이 들더라도…….

가사도우미의 경제학

"비용은 원래 언제나 올라가는 경향이 있다.
이것은 바위가 아래로 떨어지는 성질과 비슷하다."
— 시어도어 레빗 —

 나는 평소 가사도우미의 도움을 받는다. 요즘 같은 세상에 사실 특별할 것도 없는 일인 것 같은데, 친구들에게 가사도우미 이야기를 하면 다들 한마디씩 한다.

"왜 네가 직접 하지 않는 거지? 게으른 녀석 같으니라고……."

대부분의 독일인들은 독신자가 집에 가사도우미를 두는 이유를 이해하지 못하는 듯하다. 혼자 살면서 왜 직접 치우지 못하나, 너무 게으르거나 너무 낭비하는 것 아닌가…… 뭐, 그렇게 생각하는 것이다. 물론 나는 나 스스로 게으름뱅이라고 생각하지 않으며, 낭비한다고도 여기지 않는다. 나는 그저 '경제적으로' 생각할 따름이다. 경제학자로서 나에게는 가사도우미가 필요하다고 '선택'한 것이다.

더 저렴하게 가사노동을 해결하는 방법은?

하지만 어떤 사람은 "다른 직업도 아니고 경제학자로서 당신은 어쨌든 그 비용을 생각해야만 한다"고 이의를 제기할지도 모른다. 사실 나도 '그 비용'을 알고 있다. 하지만 여기서 내가 말하는 '그 비용'이란 도우미에게 지급하는 비용이 아니라, 가사노동의 비용이다.

한 가지는 분명하다. 유감스러운 사실이지만, 우리 모두는 가정을 유지하는 데 필요한 가사노동을 떨쳐낼 수 없다. 누군가는 이 유쾌하지 않은 일을 떠맡아야만 한다. 우리집의 경우, 가능성은 두 가지다. 내가 직접 그 일을 하거나, 아니면 누군가에게 그 일을 맡기고 대신 돈을 지불하거나. 첫 번째 안이 더 낫다고? 과연 그럴까? 나는 아니라고 생각한다. 상황에 따라서는 두 번째 즉 가사도우미를 고용하는 비용보다, 첫 번째 즉 내가 직접 하는 비용이 훨씬 더 많이 들 때가 있다. 누구에게나 그렇듯이, 나의 하루도 역시 24시간뿐이기 때문이다.

한번 따져보자. 이 24시간 가운데 대략 7시간은 잠을 자고, 대략 4시간은 먹고 씻는 데 쓰고, 8시간 정도 내 일을 하는 데 사용한다. 벌써 19시간이 사라졌다. 이제 겨우 5시간의 자유시간이 남았는데…… 그 시간에 집안청소를 해야 한다는 말이다.

이제 나는 스스로에게 물어봐야만 한다. 내 자유시간의 가치는 얼마나 될까? (경제학자들이 흔히 그러듯이) 돈으로 환산해보자면, 내 시간당 임금을 기준으로 생각해볼 수 있을 것이다. 우선 내가 본업으로 시간당 50유로를 번다고 가정해보자. 이때 우선 드는 생각은, 내게 1시간은 50

유로의 가치가 있다는 것이다. 어쨌든 그 가격에 나의 작업성과를 고용주에게 판매한다는 뜻이니 말이다. 그런데 도우미의 시간당 임금은 25 유로라고 한다면, 정말 싼 것 아닌가?

이번에는 좀 더 명확한 질문을 해보겠다. 당신이 자유시간을 1시간 포기했을 때, 사장은 당신에게 얼마를 지불해야 한다고 생각하는가? 그 금액을 계산해본다면, 당신도 가사도우미에게 가사노동 비용을 지불할 준비가 돼 있음을 분명히 알게 될 것이다. (이 가설에는 물론 당신이 가사노동을 자유시간에 몰두할 수 있을 만큼 유쾌한 일로 여기지 않는다는 전제조건이 붙는다.)

생각해보면 간단하다. 가사노동의 비용은 없어지는 게 아니라 단지 이동할 뿐이다. 당신은 자유시간을 포기하고 가사노동의 짐을 짊어질 수 있다. 그랬을 때, 당신의 본업 임금을 토대로, 혹은 자유시간을 1시간 포기했을 때 사장이 당신에게 지불해야 하는 돈을 기준으로 그 비용을 산출할 수 있다. 그와 반대로 가사도우미를 고용했다면, 그 비용은 물론 잘 알고 있을 것이다.

이제 계산을 해보자. 도우미에게 지불할 비용이, 당신이 직접 가사노동을 하는 비용보다 더 싸다면, 가사도우미에게 가사노동을 맡기는 것이 더 값어치 있는 일이 될 것이다. 도우미를 쓰는 게 자기가 직접 가사노동을 하는 것보다 더 비싸다는 주장은, 자신의 자유시간의 가치를 제로까지는 아니더라도 아주 싸게 생각하는 사람들의 계산방식에서 나온 것이다. 따라서 반드시 자신의 시간 가치가 얼마나 되는지를 스스로 계산해보아야 한다.

예를 들어, 당신은 부업 2시간으로 100유로를 벌지, 아니면 2시간 동안 직접 집안청소를 할지 선택할 수 있다. 당신은 어느 쪽을 선택하겠는가? 경제학자인 나는 50유로를 주고 도우미에게 집안청소를 맡기고, 나머지 50유로는 저축하겠다.

이때 둘 다 하면 되지 않겠느냐는 주장은 접어두자. 앞에서 우리 모두에게는 하루에 24시간만 주어진다는 점을 분명히 밝혔다. 집안일을 1시간 할 때마다 우리는 자유시간을, 혹은 다른 일을 할 수 있는 1시간을 포기해야 한다. 그러니 앞의 계산법은 '항상' 유효하다.

군인의 실질적인 비용은 누가 지불하나?

한 가지를 선택한다는 것은, 대신 다른 무언가를 포기해야 한다는 뜻이다. 그래서 항상 비용이 발생하는 것이다. 이런 생각은 국방의 의무에도 적용된다. 군대와 관련해서는 일반적으로 의무군인의 비용이 직업군인보다 더 저렴하다, 직업군인은 월급이 더 세다는 주장이 정석으로 통한다. 그러니 의무군인 제도가 군대를 저렴하게 유지하는 방법이라는 것이다. 그런데 정말 그럴까? 가사도우미의 사례를 생각해보면, 이렇게 정석으로 통하는 주장도 다시 검토해볼 필요가 있다는 것을 알 수 있다.

당신이 지금 국방의 의무를 이행하고 있다면, 당신은 그 기간 동안 다른 일로 돈 벌기를 포기해야 한다. 당신이 직장생활에서 마지막으로 받은 연봉이 7만 유로라고 가정해보자. 그렇다면 당신이 1년 동안 병역을 이행하면서 지불한 비용은 바로 7만 유로가 되는 셈이다. 자, 이로써 국방의 의무가 얼마나 값비싼 일인지 적나라하게 드러났다.

하지만 이쯤에서 누군가는 이렇게 물을지도 모른다. 만약 군대에 가지 않았더라도 계속 그 직장에 다니면서 그만큼의 연봉을 받았을 거라는 보장은 없지 않은가? 물론 연봉이 깎였을 가능성도 있다. 하지만 또다른 가능성도 있다. 지금 국방의 의무를 이행하지 않았더라면 더 많은 연봉을 주는 더 좋은 직장을 구했을 가능성 말이다.

나의 논지는 간단하다. 의무군인은 병역의 의무 때문에 그가 계속 직장에 다녔더라면 받았을 임금을 갖다바치고 있는 셈이라는 것이다.

정부의 입장에서는 물론 의무군인 제도가 비용이 저렴하다. 군인들에게 거의 아무것도 지불할 필요가 없으니 말이다. 그러나 그 실질적인 비용, 즉 수십만 명의 젊은이를 병영에 붙들어두고 일을 시키는 비용은 결코 삭감된 것이 아니라, 국방부의 예산에서 의무군인들 각자의 지갑으로 전가되었을 뿐이다. 비용은 여전히 비용으로 남는다. 누가 지불하느냐만 달라질 뿐이다(병역의 실질적인 비용, 즉 병역 대신 다른 일을 했을 때 벌 수 있는 돈은 병역의무자 각자가 지불하고 있다).

가사도우미와 직업군인의 전문성과 경제성

우리는 여기서 의무군인 제도를 앞에서 본 가사도우미의 사례와 직접 비교해서 살펴볼 수 있다. 2시간의 부업으로 100유로를 벌 수 있는 당신은, 2시간이 걸릴 집안청소를 가사도우미에게 맡기기 위해 기꺼이 50유로를 지불했다. 마찬가지로, 7만 유로의 연봉을 받는 당신은, 국방의 의무에서 벗어날 수 있다면 기쁜 마음으로 5만 유로를 재정장관의 손에 쥐여줄 수 있을 것이다. 국방의 의무를 이행하느라 7만 유로를 포기하는 대신, 5만 유로를 내는 것이 훨씬 경제적일 테니 말이다. 이처럼 '5만 유로'라는 액수는 비록 재정장관의 예산에 등장하거나 세금의 형태로 징수되지 않는다고 해도, 국방의 의무를 져야 하는 국민들로서는 실질적으로 지불하는 병역의 비용이 되는 것이다.

여기에 '전문가의 장점'이 더해지면 상황은 더 적나라해진다. 내 셔츠를 더 잘, 더 빨리 다릴 수 있는 사람은 누구일까? 나일까, 아니면 우리 집 가사도우미일까? 그 답은 삼척동자라도 알 것이다. 이는 나와 가사도우미 사이 역할분담의 또 다른 장점을 보여준다. 누구나 자기가 가장 잘 할 수 있는 일을 할 때, 그 일은 더 빨리 그리고 보다 전문적으로 완성된다. 내 셔츠는 가사도우미의 손에서 더 빨리 다려지고, 원고는 내 손에서 보다 신속하게 작성된다. 그럼으로써 나와 우리집 가사도우미 사이의 거래는 당사자 모두에게 이익을 안겨준다. (비록 내가 가사도우미보다 다림질을 더 잘한다고 해도, 내가 그녀보다 강연을 훨씬 더 잘하고 원고를 잘 쓸 수 있는 한, 그녀에게 다림질을 맡기는 편이 훨씬 낫다. 이 '상대적 비용우위' 개념은 〈좋은 이웃과 사악한 세계화〉 장에서 좀 더 상세하게 다룰 것이다.)

의무군인과 직업군인에 대해서도 마찬가지다. 직업군인이라면, 자신의 의지와는 다르게 몇 달 동안 소집돼서 국방에는 별로 관심도 없는, 따라서 다른 일을 했더라면 훨씬 더 생산적이었을 애송이 청년 무리보다 훨씬 더 프로답게 국방의 의무를 완수할 것이고, 그만큼 더 믿음직스러울 것이다.

그러니 '경제적'인 분별력이 있는 사람이라면 가사도우미와 직업군인에 찬성표를 던질 것이다. 직업군인은 국방의 비용을 분명하게 해줌으로써 오히려 감소시키는 효과를 가져올 것이고, 가사도우미는 내가 제대로 다려지지 않은 셔츠를 입은 채 전 세계를 돌아다니지 않도록 해줄 것이기 때문이다.

할인매장의 명품 청바지

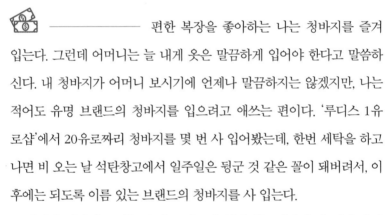 편한 복장을 좋아하는 나는 청바지를 즐겨 입는다. 그런데 어머니는 늘 내게 옷은 말끔하게 입어야 한다고 말씀하신다. 내 청바지가 어머니 보시기에 언제나 말끔하지는 않겠지만, 나는 적어도 유명 브랜드의 청바지를 입으려고 애쓰는 편이다. '루디스 1유로샵'에서 20유로짜리 청바지를 몇 번 사 입어봤는데, 한번 세탁을 하고 나면 비 오는 날 석탄창고에서 일주일은 뒹군 것 같은 꼴이 돼버려서, 이후에는 되도록 이름 있는 브랜드의 청바지를 사 입는다.

하지만 멋있어 보이는 유명 브랜드의 청바지는 나에게 한 가지 난제를 던져준다. 값이 너무 비싸다는……. 못해도 70~100유로는 하는 것 같다. 예전에는 목동이나 은행강도가 입던 바지라는 걸 감안했을 때 너무 비싼 가격이다.

할인 판매하는 'B급' 청바지에는 정말 결함이 있는 걸까?

다행스럽게도 나는 좋은 브랜드의 청바지를 값싸게 살 수 있는 방법을 하나 알고 있다. 우리 동네에는 이른바 'B급 제품'을 판매하는 가게가 있는데, 그곳에 가면 내가 좋아하는 브랜드의 청바지를 대략 절반 값에 살 수 있다. 끝내주지 않는가? 물론 약간의 '대가'를 치러야 하지만 말이다.

말하자면 이 청바지는 '세컨드second 제품'이다. 사소한 결함으로 제조업체의 품질검사에서 떨어진 제품이라는 뜻이다. 약간은 불안하지만, 청바지에 '약간의 결함' 정도는 참을 수 있는 사람이라면, 좋은 브랜드의 청바지를 싼 값에 입을 수 있다.

물론 나는 이 가게에서 청바지를 고를 때마다, 지금 내 눈앞에 있는 청바지의 결함이 너무나 커서 도저히 길거리에 입고 나갈 수 없는 정도인지 스스로에게 물어본다. 그 대답은 물론 매번 "노!"다. 왜? 거의 대부분 나로서는 그런(그 청바지를 세컨드 제품으로 분류한) 결함이 어디에 있는지조차 찾기 어려운 경우가 많다. 얼마나 작은지 육안으로는 거의 찾아내기 어렵다. 그래서 처음에는 '제조업체가 고객들에게 결함이 전혀 없는 제품을 판매하기 위해서 이렇게까지 애를 쓰다니, 정말 대단해!'라고 생각하기도 했다. 하지만 어느 순간 의심스러워졌다. 이 청바지에 정말 결함이 전혀 없다면……?

얼핏 보면 비논리적인 말처럼 들린다. 청바지에 전혀 결함이 없는데 뭣 하러 제조업체가 청바지에 결함이 있다고 떠벌리면서까지 싼 값에 판매를 하겠는가? 하지만 그럴 이유는 있고, 게다가 아주 간단하다. 자신들의 청바지를 원래의 비싼 가격에 살 수 없거나 사려고 하지 않는 사람들에게 판매하기를 원한다면, 제조업체는 그렇게 할 수도 있지 않을까.

당신은 이의를 제기할지도 모른다. 그럴 경우 제조업체가 공식적으로 청바지의 가격을 내리면 되지 않느냐고 말이다. 당신의 말은 물론 타당하다. 하지만 청바지 제조업체의 계산법은 조금 다르다. 그들은 자기가 좋아하는 미국산 청바지를 사기 위해 기꺼이 100유로를 지불하고 싶어 하고 또 그럴 능력이 있는 '속물'들에게만 자신들의 제품을 판매하기를 원하지 않는다. 좀 더 많은 사람에게, 말하자면 나와 같은 '짠돌이'를 포함한 서민들에게도 자신들의 청바지를 판매하고 싶어 한다. 그래서 소위 '할인점' 등에서 가격을 낮춰 판매하는 것이다.

그런데 여기서 문제가 발생한다. 청바지 제조업체가 일괄적으로 가격을 내리면, 서민뿐 아니라 '속물'들도 더 싼 값에 청바지를 살 수 있게 될 테니 말이다. 모퉁이만 돌아가면 절반 가격에 청바지를 살 수 있는데, 누가 부티크에서 100유로나 주고 청바지를 사려고 하겠는가. 그렇게 되면, '속물'들은 어쩌면 이 '싼' 청바지를 거들떠보지도 않고 더 '비싼' 청바지를 찾아갈지도 모른다.

청바지 제조업체에게 가장 좋은 것은, 각각의 고객들이 지금까지 지불해온 바로 그 가격으로 청바지를 사도록 하는 방법일 것이다. 속물들에게는 100유로를 우려내고, 추가 장사로 서민들에게는 50유로를 받는 것이다. 그리고 더 싼 가격을 원하는 사람들과는 거래를 전혀 하지 않는 편이 훨씬 좋을 것이다.

이론상으로는 그럴듯하다. 하지만 제조업체로서는 아직 해결해야 할 문제가 남아 있다. 누구는 100유로를 주고 사고 누구는 50유로에 산다는 사실을 고객들이 서로 모르게 할 수 있는 방법은 없을까? 두 가지 방법이 있는데, 그중 하나가 바로 'B급 제품이라는(결함이 있다는) 이유로 할인가격에 판매하는' 전략이다.

똑같은 청바지를 100유로에도 팔고 50유로에도 판다?!

이런 전략을 실행하기 전에 제조업체는 다음과 같은 성찰을 할 것이다. '속물'들은 자신들이 사고 싶어 하는 청바지를 다른 곳(할인점)에 가면 절반 가격에 살 수 있다는 것을 알지만 이의를 제기하거나 구입할 물건을 바꾸지 않는다. 왜? 그것은(할인점에서 파는 청바지는) '결함이 있는' 제품, 즉 세컨드 제품이기 때문이다. 그들은 계속 의기양양하게 100유로짜리 청바지를 사면서, 값이 싸다는 이유로 결함이 있는 B급 청바지를 사 입는 서민들을 슬쩍 비웃는다. 그리고 제조업체는 그런 차이점이 겉으로도 충분히 드러나도록 청바지 뒤쪽 가죽라벨에 크게 'X' 자를 찍어, 그 청바지가 세컨드 제품임을 표시한다. (하지만 벨트를 매면 이 X자는 사라진다. 물론 진짜 청바지 순수주의자들은 이런 벨트를 거부하겠지만.)

결과적으로 제조업체는 한 가지 제품으로 동시에 두 가지 (가격의) 제품을 만들어낸 셈이다. 비싼 청바지는 퍼스트 제품, 저렴한 청바지는 세컨드 제품. 게다가 이 두 가지는 소비자들에게 완전히 다른 제품으로 인식된다. 이로써 제조업체는 100유로짜리 청바지를 구매할 사람들이 모두 저렴한 청바지를 사는 손님으로 돌변하지 않을까 하는 걱정을 할 필요 없이, 자신들의 청바지에 대해서 각기 다른 두 가지 가격을 요구할 수 있게 된다. 이런 식으로 청바지 제조업체는 가격을 망치는(인하하는) 일 없이 보다 넓은 범위의 고객층을 형성할 수 있다.

이때 그 청바지에 정말로 결함이 있느냐, 없느냐는 부차적인 문제다. 중요한 것은 고객이 인식하기에 두 가지 청바지는 서로 다른 제품이라는 것, 서로 다른 두 제품에 대해서는 당연히 다른 가격을 요구할 수 있다는 것이다. 만약 같은 제품에(고객이 같은 제품이라고 인식하는 제품에) 서로 다른 두 가지 가격을 매겼다가는 소비자들로부터 엄청난 항의를 받게 될 것이다.

보다 많은 고객을, 각각 다른 다양한 지불 준비 상태에 맞게 형성해내기 위한 이런 전략은 비단 청바지 사례에서만 볼 수 있는 것은 아니다. 이른바 PB상품private brand goods도 이런 전략에 속한다. 저명한 브랜드의 제조업체가 같은 제품에 완전히 다른 이름을 붙여 보다 싼 가격으로 다시 한 번 판매하는 방식이다. 비싼 브랜드 고객은 자기 브랜드에 머물면서 그 제품의 품질과 배타성에 만족하는 반면, 좀 더 절약하는 혹은 지불 능력이 떨어지는 소비자들은 포장의 질은 좀 떨어지지만 가격이 저렴한, 본질적으로는 같은 제품을 집어든다.

이런 사례로 악기, 그리고 특히 생필품 브랜드 제조업체를 들 수 있다. 이들은 할인점을 위해 특별하게 생산된 제품을 새로운 브랜드로 판매한다. 그 결과, 명품 애호가들은 유명 백화점에서 브랜드 초코크림을 사고, 서민들은 할인점에서 이름 없는 초코크림을 산다. 그 차이는 몇 센트 혹은 몇 유로, 그리고 약간의 환상이다.

헤어디자이너에게 남성과 여성은 같은 고객이 아니다

한 가지 제품으로 두 가지 다른 (가격의) 제품을 만들어내는 전략이 항상 먹히는 것은 아니라면, 두 번째 방법이 아직 남아 있다. 바로 고객 층을 서로 분리시키는 전략이다. 한 가지 제품을 다양한 타깃 그룹에 다양한 가격으로 판매하는 것이다. 복잡하게 들릴지 모르지만, 충분히 가능한 일이다. 내가 머리를 맡기는 헤어디자이너에게서 나는 그 적절한 예를 발견했다.

나의 헤어디자이너는 실력이 있다. 뿐만 아니라 경제 문제에도 나름대로 일가견이 있는 것 같다. 그의 예술적인 손길에 대한 대가로 남성 고객들은 여성 고객들이 미용실 테이블에 올려놓아야 하는 금액의 절반 정도를 지불한다.

사실 헤어디자인이라는 작업이 성별에 따라 크게 달라지는 건 없다. 하지만 나의 헤어디자이너는 자기 일을 아주 잘 알고 있는 듯하다. 그래서 그는 정확히 내가 앞에서 언급한 그대로 행동한다. 무슨 말인고 하니, 그에게는 한 가지 제품(예술적인 서비스)밖에 없지만, 그는 고객을 제대로 분리시켜서(남성과 여성으로), 두 가지 다른 가격으로 판매하는 것이다. 그는 경험적으로 여성들은 자신의 아름다움을 가꾸는 일에 보다 많은 돈을 지불할 준비가 돼 있다는 것을 알고 있다. 그래서 나의 헤어디자이너는 남성과 여성은 같은 고객이 아니라고 주장하면서, 같은 서비스에 대해 완전히 다른 가격을 받고 있는 것이다.

이와 비슷한 고객 차별화의 모델로 학생과 연금생활자를 겨냥한 할인입장권을 들 수 있다. 이런 계층은 제값을 주고 콘서트나 공연을 관람하기가 쉽지 않다. 한편 공연 주최자나 스포츠경기 기획자들은 가격이 떨어졌을 때 입장권을 사려고 하는, 혹은 그제야 입장권을 살 능력이 되는 사람들의 주머니에서 나오는 돈도 포기하고 싶어 하지 않는다. 그렇다면 어떻게 해야 할까?

아주 간단하다. 돈을 벌 능력이 있고 돈이 많은 '성인'들에게는 약간 더 많은 돈을 우려내고, 경제적인 능력이 좀 떨어지는 사람들에게는 약간 더 우호적인 가격을 적용해, 보다 많은 사람이 공연을 관람하거나 좋아하는 팀의 경기를 볼 수 있도록 하는 것이다.

이렇게 고객층을 분리해 가격을 다르게 적용하는 정책은 공연이나 스포츠경기 기획 같은 계통의 일을 하는 사람들에게만 해당되는 것이 아니다. 예를 들어, 극장이 요일과 시간대에 따라 다른 가격을 적용하는 것도 이런 정책의 한 가지 방법이다. 평일 저녁이나 주말에는 충분히 지불 능력이 있는 '성인'을 공략하고, 골든타임이 아닐 때에는 다른 계층을 공략하는 것이다. ('극장의 날'처럼 특별한 날을 정해 입장권을 좀 싸게 판매하기도 하지만, 이런 날에는 모든 고객에게 똑같이 할인된 가격을 적용하기 때문에 고객 차별화의 예로는 적절하지 않다.)

한 가지 상품을 다양한 가격에 판매하는 이런 전략에 대해 알게 되면,

우리는 좀 더 저렴하게 인생을 살아갈 수 있는 방법을 언제 어디서든 발견할 수 있다. 내 경우, 앞으로도 계속 어떤 양심의 가책도 느낄 필요 없이 할인점에 가서 '세컨드' 청바지를 사 입을 것이다.

너무도 경제적인 여자친구의 싸움 전략

"우리는 스스로의 무식을 한없이 무시한다."
– 대니얼 카너먼 –

얼마 전 여자친구와 불쾌한 일이 있었다. 심각한 건 아니고…… 사실 늘 있는 일이었다. 토요일이었는데, 우리는 전화로 뭘 할지 가벼운 논쟁을 하고 있었다. 나는 쉬면서 그냥 맛있는 걸 먹으러 가고 싶었고, 그녀는 격렬하고 시끄러운 록밴드의 콘서트를 원했다. 그리고 늘 그렇듯, 아무도 양보하려 하지 않았다.

모두들 알다시피, 처음에는 천천히 살살 시작했지만, 점점 말이 꼬리를 물게 되고, 그러다가 언성이 높아졌다. 그리고 어느 순간 여자친구가 전화기에 대고 고함을 쳤다.

"맘대로 해. 어쨌든 난 오늘 저녁 콘서트에 갈 거야."

그러고는 전화를 끊어버렸다. 후유…… 나는 우선 심호흡을 했다. 그러고 나서 물론 전화기를 다시 집어들었다. 교양인들 사이에서는 교양 있는 합의가 가능하다고 생각했기 때문이다. 그러나…… 전화벨이 울리고 또 울렸건만 그녀는 전화를 받지 않았다. 이거, 야단났다! 그녀는 너무나도 화가 나서 아예 내 전화를 받으려고도 하지 않는 것이다.

영리한 그녀는 경제학자의 여자친구

내 안의 노련한 경제학자는 몇 분 뒤 상념에 잠겼다. 그녀는 어쩌면 화가 난 게 아니라, 정말 영리한 것 아닐까? 경제학자의 여자친구로서 상황을 너무나도 잘 간파한 그녀는 내게 그야말로 딱 맞는 특효약을 처방해준 것인지도 모른다! 곰곰이 생각해볼수록 그런 결론으로 귀결되는 것 같았다.

여자친구가 더 이상 내 전화를 받지 않은 것은 정말 지극히 영리한 일이었다. 왜? 당신은 지금쯤 그 이유가 몹시 궁금할 것이다.

상황을 다시 한 번 아주 냉정하게 분석해보자. 우리는 두 가지 다른 목표를 가지고 있었지만, 한 가지 공통점이 있었다. 바로 그날 저녁을 함께 보내고 싶다는 것! (여자친구 역시 그걸 원했다고 나는 다시 한 번 확신한다!) 따라서 한 가지 상황은 어떤 경우에도 피하고 싶어 했다. 즉, 내가 혼자서 레스토랑에 가고 그녀 또한 혼자서 콘서트에 가는 상황. 자, 이건 정말 분명한 사실이다. 그 나머지는 그저 힘겨루기일 뿐이다. 함께 콘서트에 간다면 여자친구가 이겨 고지를 점령한 것이고, 레스토랑에 간다면 내가 이긴 것이다. 하지만 우리 둘 다에게 더 중요한 것이 있었다. 아무리 자기가 원래 하고 싶지 않았던 선택을 해야만 하더라도, 토요일 저녁을 함께 보내는 것이 훨씬 소중했던 것이다.

대체로 이따금 우리는 다음과 같은 전략적 상황에 맞닥뜨린다. 상대방이 나의 뜻을 따라주거나, 내가 상대방의 의견에 따라야 하는 상황 말이다. 이 경우 서로의 입장은 대칭형으로, 선호하는 해결책도 정반대에 위치한다. 모든 것을 고려해본 결과, 둘이 무언가를 함께 하자는 결론이 나왔다. 하지만 그것이 무엇일지는 결정되지 않았다. 이 갈등을 해소할 수 있는 방법은 여러 가지가 있겠지만, 내가 제일 먼저 떠올린 것은 물론 협상에 의한 해결이다. 어느 한편이 이해하고 양보할 때까지 오랫동안 토론을 하는 것이다.

하지만 내 여자친구는 나와는 다른 전략을 선택했다. 협상을 딱 결렬시킨 것이다. 그리고 더 이상 전화를 받지 않음으로써 협상 재개를 거부했다. 동시에 자신은 콘서트에 갈 것임을 선언함으로써, 내게는 더 이상 협상의 여지가 없다는 사실을 통보했다.

그녀가 그렇게 행동한 것은, 내가 그날 저녁을 자신과 함께 보내고 싶어 한다는 것, 그리고 혼자서 식사하는 것보다는 콘서트에 자신과 함께 가는 것이 나에게는 훨씬 나은 해결책이라는 사실을 알고 있었기 때문이었다. 협상을 결렬시키고 재개를 거부함으로써 그녀는 전투에서 승리한 것이다. 정말 영리한 여자다. 적어도 단기적으로는 말이다(이 점에 대해서는 나중에 다시 한 번 살펴볼 것이다).

최악의 해결책으로 상대방을 위협하라

이런 전략이 여성에게 전형적이라든지 혹은 사생활에서만 적용된다고는 생각하지 마시라. 뉴스에서 종종 듣게 되지만, 어떤 협상이 결렬되고 한쪽 대표가 언론 앞에 서서 협상이 우습게 끝났다고 말하는 경우가 있다. 물론 이때 분노나 고집 때문에 그렇게 행동하는 경우는 극히 드물고, 대부분은 전략적인 사고에 의한 것이라고 할 수 있다. 협상을 공개적으로 종결시킴으로써 갈등이 고조될 것이라고 협박을 하는 것이다. 상대방이 공개적인 전투나 파업의 결과가 더 해로울지도 모른다고 판단해서 자신에게 더 유리한 합의안을 선택하기를 바라면서 말이다.

여론을 의식하면서 이처럼 공식적으로 협상 결렬을 선언하는 것은, 내 여자친구가 나와 통화하다가 갑자기 전화를 끊어버린 것과 같은 행위다. 이 둘은 동일한 전략이다. 커뮤니케이션을 거절하고 당사자 모두에게 최악의 해결책을 가지고 위협함으로써 상대방의 마음을 돌려 자신이 선호하는 해결책을 관철시키려는 것이다.

자, 이제 당신은 분명 한 가지 질문을 던질 것이다. 그런 협박을 얼마나 진지하게 받아들여야 하는가? 혹시 나의 여자친구는 나를 곤경에 처박아두기에는 너무나 선하고, 따라서 그녀의 협박은 그저 빈말에 그치지 않을까? 사실 이런 게임에 있어서는 바로 이것이 포인트다. 자신이 지금 상당히 진지하다는 사실을 상대방에게 설득력 있게 전달해야만 한다. 예를 들어, 내 여자친구는 터무니없이 비싼 입장권(이 밴드는 점점 더 뻔뻔스러워지고 있다)을 예매해놓았는데, 만약 자신이 양보해서 나와 함께 식사를 하러 간다면 그 입장권이 휴짓조각이 될 거라고 나를 협박할 수 있을 것이다. 그것은 위협을 진짜 그럴싸하게 만드는 한 가지 방법이다. 상대방으로 하여금 '나는 양보할 수 없다, 양보했다가는 대가가 너무 크다'는 사실을 분명히 인식하도록 몰아가는 것이다.

불행하게도 콘서트 입장권의 경우 상황이 별로 그럴듯하지 않았다. 입장권은 이미 구입한 것이니 그 돈은 벌써 사라진 터이고, 따라서 그것이 더 이상 우리의 갈등에 직접적인 영향을 미치지는 않는다. 여자친구가 여전히 혼자보다는 나와 함께 저녁시간을 보내고 싶어 한다면, 그녀가 입장권을 가지고 있든 그렇지 않든 그것은 전혀 문제가 되지 않는다. 기본적인 결정구조에 아무런 변화도 주지 않는다는 말이다. 입장권 가격은 능히 감당할 만한 액수였다. (물론 그 액수는 달라질 수도 있었다. 예를 들어, 그녀가 친구와 약속하기를 만약 콘서트에 가지 못하면 벌금을 내기로 했을 수도 있다. 그랬다면 그 벌금이 결정을 내릴 때 계산에 반영됐을 것이고, 나는 나와 함께 보내는 저녁이 그녀에게 얼마만큼의 가치가 있는지 확인할 수도 있었을 것이다.) 게다가 그녀는 입장권을 누군가 다른 사람에게 넘김으로써, 적어도 손실의 일부분을 보전할 수도 있었다. 그걸 팔아 이익을 남기지는 못하더라도 말이다.

갈등이 반복될 때는 '고집'이 효과적이다

비용을 강조하는 전략이 먹히지 않는다면, 다른 방법을 검토해봐야 한다. 바로 단단히 고집을 부리는 것이다. 다만 이 방법은 이런 갈등 상황이 반복될 때에만 효과가 있다는 점을 유의해야 한다.

내 여자친구로서는 몇 주 연속 타협하지 않고, 아무리 싫어도 혼자 콘서트에 가는 것이 효과가 있을 수 있다. 계속 그렇게 한다면, 어느 순간 내가 무릎을 꿇게 될 테니 말이다. 나는 그녀가 자신이 협박한 것을 그대로 실행에 옮긴다는 사실을 알고, 공손히 그녀의 뜻에 따르게 될 것이다.

이런 해결책이 관계에 좋은 것인지는 물론 다른 문제다. 같은 갈등이 반복되고 당사자들도 그런 갈등이 반복되리라는 사실을 인식하면서부터는 갈등의 본질이 변화한다. 그럴 때에는 자신의 의견을 계속 관철시키기 위해서 첫 번째 시위 때 강하게 나갈 필요가 있다. (내 여자친구에게는 유감스럽게도, 그 메커니즘을 나도 알고 있다. 따라서 같은 갈등이 재연될 조짐이 보일 경우, 나 역시 타협하지 않을 것이다.)

그런데 그렇게 갈등이 반복될 때에도 항상 협박의 진실성에 대해서 질문을 해보아야만 한다. 여자친구는 정말 고통을 감수하면서까지 그렇게 자기 고집대로 하려고 하는 걸까? 기본적으로 이런 갈등에 있어서는 자기가 고집을 부릴 때 감수해야만 하는 진짜 대가를 상대방에게 감추는 것이 중요하다. 그래서 내 여자친구는 예를 들어 자기가 어렸을 때부터 아주, 아주, 아주 많이 이 밴드의 콘서트에 가고 싶었으며, 정말 오래된 꿈이라고 주장한다(이것은 나에게 그녀가 콘서트에 감으로써 얻는 이득이 어쩌면 너무나도 커서 심지어 나와 바꿀 수도 있다는 신호를 보내준다). 하지만 그녀가 4주 연속 어린 시절의 꿈을 실현시키겠다고 한다면, 나는 아마도 의심을 하게 될 것이다.

우리 동네에 더 싼 아이스크림 가게가 생기지 않은 이유

지금까지 우리는 합의를 요구하는 갈등에 대해서 이야기했다. 하지만 여기 제시한 성찰은 일반적으로 다른 갈등에도 적용된다. 그 한 가지 사례로 어린 시절 내가 살았던 동네를 들 수 있다. 그곳에는 유감스럽게도 아이스크림 가게가 딱 하나뿐이었다. 여름에는 사람들이 길게 줄을 서야 할 뿐만 아니라, 경쟁자가 없어서인지 아이스크림 값이 아주 비쌌다.

그런데 왜 다른 아이스크림 가게가 생기지 않은 걸까? 동네가 너무 작아서 딱 하나의 아이스크림 가게만 먹고살 수 있었기 때문이라고? 하지만 이 주장은 별로 설득력이 없다. 왜 하필이면 그렇게 비싼 아이스크림 가게에서 꼭 아이스크림을 사먹어야만 하나? 왜 새로운 경쟁자가 나타나 아이스크림을 더 싼 값에 팔고, 그럼으로써 그 비싼 경쟁자를 몰아내지 않은 걸까? 이 질문에 내가 제시할 수 있는 해답은 앞서의 성찰과 연관이 있다.

한번 생각해보자. 새로운 가게가 문을 열고 아이스크림을 좀 더 싼 값에 제공한다면 어떤 일이 일어날까? 두 가게의 아이스크림이 품질이나 맛에서 똑같고, 게다가 서로 마주보고 있다고 가정한다면, 손님들은 전부 새로 문을 연, 가격도 더 싼 가게로 향할 것이다. 전부터 있던 아이스크림 가게도 그 사실을 잘 알고 있을 것이다. 그렇다면 그는 어떻게 할까? 아마도 가격을 내릴 것이다. 새로운 가게 역시 문을 열기 전에 상대방이 그렇게 하리라는 걸 짐작할 수 있었을 것이고, 따라서 그에 상응하는 전략을 마련했을 것이다.

이제 상황은 긴박해진다. 새로운 경쟁자를 내쫓기 위해서 이미 자리를 잡은 가게가 가격을 얼마나 많이 내릴 수 있을까? 대부분의 사람들은, 극단적인 경우 이익이 더 이상 남지 않을 정도까지 가격을 내릴 거라고 추측할 것이다. 하지만 나는 그보다 훨씬 더 많이 내릴 수도 있다고 생각한다. 이유는 아주 간단하다. 불청객 침입자를 자기 시장에서 쫓아내기 위해서 한동안만 버티면 되기 때문이다. 아주 충분한 기간, 필요하다면 원가 이하로라도 아이스크림을 판매한다면 불청객은 곧 포기하고 떠날 것이다. 그러면 살아남은 자는 바로 다시 가격을 올릴 수 있다.

게다가 이 아이스크림 가게는 잠재적인 경쟁자들에게, 필요하다면 양쪽 모두 값비싼 대가를 치를 가격전쟁을 불사하겠노라는 자신의 의지를 공개적으로 통보한 셈이다. 이런 협박이 믿을 만하다면 새로운 경쟁자는 그런 시장에 진출하겠다는 생각을 접어버릴 것이다.

경쟁자를 몰아내기 위한 가격전쟁

그렇다면 잠재적인 경쟁자들은 그런 협박이 믿을 만하다는 걸 어떻게 알까? 정확하게는 파악하기 어렵겠지만, 몇 가지 판단 근거는 있을 수 있다.

우선, 그의 경쟁자 즉 기존의 아이스크림 가게는 이미 상점, 아이스크림, 테이블과 의자, 파라솔을 가지고 있다. 만약 경쟁에서 밀려난다면 이 모든 것을 잃게 될 것이다. 이미 그 시장에 투자한 게 많으면 많을수록,

자리를 잡고 있는 경쟁자의 가격전쟁 위협은 그만큼 진지하게 받아들여야만 한다. 특히 그가 그 시장에 작별을 고하자마자 그런 투자들이 무가치해진다면 더더욱 그렇다. (이런 투자는 내 여자친구가 이미 구입한 콘서트 입장권에 해당한다고 할 수 있다.) 물론 이 경우에도 기존의 아이스크림 가게는 테이블과 의자 등을 팔고 상점은 임대할 수 있다. 그럴 가능성이 있다면, 그의 위협은 다소 미덥지 못한 것으로 받아들여질 수도 있다.

둘째, 이 전쟁의 승자에게는 다시 완전한 시장에 대한 독점권이 윙크를 한다. 그 정도의 전리품을 위해서라면 모험을 할 만한 가치가 있지 않겠는가. 게다가 기존의 아이스크림 가게가 일시적인 손실을 감당할 수 있을 만큼 주머니가 두둑하다면, 잠재적인 경쟁자는 그가 진지하게 가격전쟁을 고려하고 있음을 알아차려야 한다.

하지만 우리 동네에서도 두 개의 아이스크림 가게가 평화롭게 공존할 수 있지 않을까? 그런 가능성이 보인다면, 기존의 아이스크림 가게는 파괴적인 가격전쟁을 고려하기 전에 스스로 질문을 해봐야만 한다. 가격전쟁에서의 손실을 감수하고 전쟁을 치른 후에 도래할 독점 상황에서의 이익이 평화로운 공존 상황에서 얻을 수 있는 이익보다 정말로 더 클까? 그 답이 '그렇다'라면, 기존의 아이스크림 가게는 새로운 불청객 경쟁자를 쫓아내기 위해서 그가 시장에 진입하는 순간 무시무시한 가격전쟁에 돌입할 것이다.

실제로 우리 고향 동네에는 아이스크림 가게를 할 만한 자리가 여러 곳 있었다. 그런데 지금도 아이스크림 가게는 단 두 곳뿐이다. 그것도 원래의 아이스크림 가게에서 딱 100미터 떨어진 곳에 두 번째 가게가 자리를 잡았고, 그 가게 역시 기존의 가게와 마찬가지로 대단한 가격을 받고 있다.

자, 이제 여자친구와 함께 아이스크림을 먹으러 간다는 게 얼마나 복잡한 일인지 당신은 잘 알게 되었을 것이다. 연인 사이든, 아이스크림을 팔기 위해 경쟁을 하는 사이든, 관계란 어쨌든 어려운 일이다. 다 잊어버리자. 그런 사실을 확인하기 위해서 굳이 경제학자가 될 필요는 없을 테니…….

시험공부의 경제학

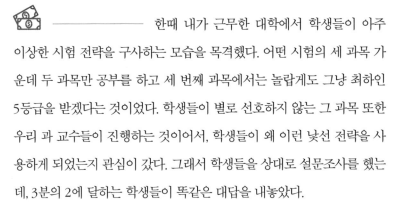 한때 내가 근무한 대학에서 학생들이 아주 이상한 시험 전략을 구사하는 모습을 목격했다. 어떤 시험의 세 과목 가운데 두 과목만 공부를 하고 세 번째 과목에서는 놀랍게도 그냥 최하인 5등급을 받겠다는 것이었다. 학생들이 별로 선호하지 않는 그 과목 또한 우리 과 교수들이 진행하는 것이어서, 학생들이 왜 이런 낯선 전략을 사용하게 되었는지 관심이 갔다. 그래서 학생들을 상대로 설문조사를 했는데, 3분의 2에 달하는 학생들이 똑같은 대답을 내놓았다.

"그 과목은 과제가 너무 많고 어려워서, 시험기간에 좀 더 공부한다고 성적이 나올 것 같지 않아요. 그래서 거기 쓸 시간을 차라리 다른 두 과목을 더 공부하는 데 투자합니다. 그게 훨씬 낫죠."

세 과목의 평균 점수를 높이는 세 가지 전략

얼핏 보면 이 전략은 설득력이 있어 보인다. 두 과목은 '제대로' 공부해서 좋은 학점을 따내는 대신, 세 번째 과목은 낙제하도록 내버려둔다는 것이다. 그럼으로써 평균 학점을 높이고, 학습 부담 또한 줄인다. 좋다! 기본적으로 나는 노력과 시간을 절약하는 것을 좋아하고(그래서 경제학자가 되지 않았나), 해결책 또한 많이 가지고 있다. 하지만 이 전략은 계산착오다. 나는 이렇게 주장하고 싶다.

"똑같은 시간을 들여 세 과목의 시험을 모두 준비한 사람이 더 좋은 결과를 얻는다."

그 근거는 물론 아주 경제적인 이유다. 한번 찬찬히 따져보자. 우리의 목표는 주어진 노력비용으로 가능한 한 최고의 점수를 받는 것 아니던가.

이제 이렇게 물어보자. 나에게 주어진 노력비용을 세 과목에 각각 어떻게 할당해야, 세 과목 점수의 평균이 가장 좋아질까? 알다시피 우리가 여기서 논하는 것은, 세 과목 각각 가능한 한 좋은 점수를 따기 위한 전략이 아니다. 문제는 세 과목 평균이 좋아지도록 전략을 짜는 것이다. 그러기 위해서는 기본적으로 세 가지 전략을 사용할 수 있다. 첫째, 한 과목만 열심히 공부하고 나머지 두 과목은 각각 5등급을 받는다. 둘째, 두 과목만 공부하고 나머지 한 과목은 5등급을 받는다. 셋째, 세 과목을 모두 공부한다.

첫 번째 전략에 대해 한번 숙고해보자. 내가 가진 모든 능력을 A과목에 집중하는 것이다. 최상의 경우, 이 전략으로 나는 A과목에서 1등급을 받는다(그 이상은 없다). 하지만 나머지 두 과목에서 5등급을 받으면 성적은 3등급 마이너스가 된다. A과목에서 2등급만 받아도 평균이 4등급이 되어, '통과'는 할 수 있다. 하지만 자칫 잘못해 3등급을 받는다면, 유급될 것이다.

이제 두 번째 전략 차례. A과목을 공부하는 시간을 일부 떼어내 B과목을 공부하는 것이다. 그렇게 '조금' 공부한 B과목 시험에서 내가 4등급을 받았다고 가정해보자. 이때 최상의 경우 나는 평균 3등급을 받을 수 있다($\frac{1+4+5}{3}$). 최악의 경우로 A과목에서 3등급을 받는다고 해도 '통과'는 할 수 있다($\frac{3+4+5}{3}$).

자, 이제 두 번째 전략이 첫 번째 전략보다 왜 더 좋은지를 분명히 밝혀줄 결정적인 질문을 던져보자. 다음 중 어느 편이 더 쉬울 것 같은가? A과목 성적을 2등급에서 1등급으로 끌어올리는 것, 아니면 B과목 성적을 5등급에서 4등급으로 끌어올리는 것? 어떤 한 분야에 대해 '괜찮은 지식인'에서 '전문가'로 올라서는 것보다는 '지식 제로' 상태에서 '괜찮은 지식인'으로 올라서기가 훨씬 쉽다고 생각한다면, 당신은 두 번째 전략을 선택해야만 한다.

사실 이런 전략이 더 유리하다는 점을 뒷받침해주는 근거는 몇 가지 더 있다. 우선 리스크를 살펴보자. 첫 번째 전략에는 당신이 A과목 시험을 완벽하게 준비한다는 전제조건이 깔려 있다. 이 경우 어쩌다 실수라도 하면, 모든 게 틀어질 위험이 있다. 그리고 이런 리스크를 얕잡아봐서는 안 된다. 1등급을 받으려는 사람은 자신이 그 과목에 대해 탁월한 지식을 가지고 있음을, 평균보다 확실히 우월하다는 것을 입증해 보여야만 한다. 그런 정도의 지식을 습득하기는 해당 과목에 대해 평균적인 지식을 얻는 것보다 훨씬 더 힘들고 시간이 많이 걸린다.

노력비용은 두 번째 전략에서 더 잘 분배된다. A과목의 아주 세세한 부분까지 섭렵하기보다는, 그 시간을 B과목의 가장 기본적인 지식을 습득하는 데 쓴다면, 같은 노력비용으로 더 좋은 성적을 받을 수 있는 확률이 높아진다. 시험 과목이 하나는 식물학, 다른 하나는 유전학이라고 가정해보자. 유전학을 구석구석 샅샅이 이해하는 것보다는, 식물학에서 몇 가지 나무에 대해 기본적인 지식을 암기하기가 훨씬 쉽다. 유전학 성적을 2등급에서 1등급으로 올리는 데 필요한 노력비용보다 적은 부담으로, 더 빠르게 식물학 성적을 5등급에서 4등급으로 올릴 수 있다. 게다가 유전학에서 아무리 열심히 공부하더라도 1등급 이상은 없다. 여기서 '필요 이상'의 공부를 할 위험 또한 발생한다.

최소한의 공부로 최고의 성적을 얻으려면?

좀 더 추상적으로 표현해보자. 대부분의 활동에서 노력비용이 증가하면 할수록 추가적인 성과는 줄어든다. 어떤 과제나 과목에 보다 오래 그리고 보다 집중적으로 몰두하면 할수록, 더 높은 단계로 진보하기는 그만큼 더 어려워진다. 예를 들어, 어떤 악기를 배울 때도 마찬가지다. 처음에는 금방 진보한다. 하지만 그 다음 단계에서는 실력을 향상시키기가 한층 힘겨워진다. 많은 사람이 악기 배우기를 포기하는 순간이 바로 이

때다. 이처럼 50에서 100까지 가는 것보다 0에서 50까지 가는 게 훨씬 빠르다면, 우리의 시험 사례에서 첫 번째 전략은 별 의미가 없다.

나라면, A과목에서 1등급으로 올라가는 마지막의 그 힘겨운 길을 포기하고, 약간의 시간과 노력을 B과목에 투입해 똑같은 노력비용으로 비교적 빠르게 진보할 것이다. 그런 진보는 성적으로도 금세 나타난다. 요점을 말하자면, 나는 한 과목 성적을 5등급에서 4등급으로 올리는 것이, 다른 한 과목 성적을 2등급에서 1등급으로 올리는 것보다 더 쉽다고 믿는다. 그렇다면 두 번째 전략을 선택하는 것이 언제나 유익하다. (이론적으로 봤을 때 여기서 한 가지 단서조항을 달 필요가 있다. 시험을 보는 어떤 과목에 대해 정말로 아무것도 모르고 어떤 것도 할 수 없다면, 그 과목은 아예 손을 대지 않는 것이 훨씬 유리할 수 있다. 만약 한 과목이 라틴어고 다른 한 과목은 유전학인데, 당신이 유전학에 대해서 전혀 아는 것이 없다면, 유전학을 새로 공부하는 비용이 너무 높아질 테니 말이다. 하지만 내가 앞에서 든 사례는 정치학과 관련된 시험이기 때문에, 게다가 학생들 대부분은 강의까지 들었기 때문에, 누구도 결코 제로 상태일 리는 없다.)

이제 마지막으로 넘어야 할 생각의 문턱이 남아 있다. 두 과목 시험에 효력이 있다면 세 과목 시험에 대해서도 효력이 있어야 하지 않을까? 세 과목에 똑같이 시간을 할애해 노력한다면, 모든 과목에서 최소한의 노력비용으로 배울 수 있는 가장 단순한 지식들을 습득할 수 있을 것이다. 그러면 세 과목 모두에서, 성적에 관한 한 가장 단순하면서도 가장 쉬운 전략을 선택한 셈이 된다. 물론 공부하는 시간을 무조건 똑같이 할당해서는 안 된다. 그것은 개인의 성향과 각 과목에 대한 평가의 문제이기 때문이다. 하지만 최소한 C과목의 기본적인 요소들을 익혀두는 것은 항상 그럴 만한 가치가 있다. 예를 들어, 당신이 금융정치학에 관한 시험을 본다면, 화폐유통의 네 가지 정의만이라도 알아서 몇 문장만 똑똑하게 덧붙일 수 있다면, 4등급으로 구원받을 수 있다. 그렇게 짧은 시간 공부한 셈치고는 꽤 괜찮은 보상 아닌가?

일상의 모든 일에 대해 경제적으로 생각하고 행동하라

여기서 내가 소개한 원칙은 기본적으로 모든 형태의 노동을 조직하는 데 적용된다. 한정된 시간에 여러 가지 업무를 해야 할 때, 그 시간을 전적으로 한 가지 업무에만 집중하는 것은 그다지 바람직하지 않다. 예를 들어, 집안일을 생각해보라. 할머니가 갑자기 오시겠다는데, 집은 멧돼지떼가 휩쓸고 지나간 형국이라면 어떻게 해야 할까? 청소를 위해 주어진 제한된 시간에 우선 여기저기 널려 있는 물건들부터 치우고 봐야 하지 않을까? 시간은 빠듯한데, 부엌 바닥은 끈적거리고 욕실에는 빈 병이 쌓여 있는데, 장식장에서 크리스털 인형을 하나하나 끄집어내 먼지를 닦는 건 정말이지 아무런 의미도 없는 일이다.

지금까지 이 책을 제대로 읽은 독자라면, 직관적으로 '경제적'인 행동을 할 것이다. 다양한 과제에 노동력을 분할해 주어진 시간 안에 가능한 한 최고의 성과에 도달하고자 할 것이다. 아무도 A과목만 공부하지는 않을 것이고, 아무도 크리스털 인형의 먼지만 닦지는 않을 것이다. 자신의 노동력을 다양한 과제에 할애해, 할머니가 도착하시기 전에 집이 난장판처럼 보이지 않도록 치울 것이다(그럼으로써 할머니가 기절하지 않도록 만들 것이다). "얘야, 크리스털 인형의 먼지를 좀 닦지 그랬니"라는 말을 들을지라도, 할머니가 신발을 신은 채 끈적끈적한 부엌 바닥에 들러붙어 있다가, 싱크대에 처박힌 칠리소스의 세례를 받는 것보다야 훨씬 낫지 않겠는가. 할머니와 평균 성적에 집중하라. 경제적으로 생각하시라는 말이다!

기사식당은 무조건 맛있다고 믿는 이유

"남에게 보이기 위한 소비활동이야말로 가장 정당한 과세의 대상이다."
– 소스타인 베블런 –

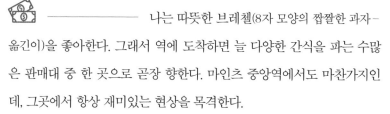 나는 따뜻한 브레첼(8자 모양의 짭짤한 과자 – 옮긴이)을 좋아한다. 그래서 역에 도착하면 늘 다양한 간식을 파는 수많은 판매대 중 한 곳으로 곧장 향한다. 마인츠 중앙역에서도 마찬가지인데, 그곳에서 항상 재미있는 현상을 목격한다.

마인츠역 앞에는 브레첼 노점이 두 곳 있는데, 겉으로 보기에는 둘 다 아주 똑같이 맛있어 보이는 브레첼과 기타 달콤한 먹을거리를 같은 가격에 판매한다. '효율적인 대기 줄' 이론에 따르면(이 주제에 대해서는 앞에서 이미 다룬 바 있다), 브레첼의 품질과 가격이 같을 경우 고객은 두 곳의 노점에 똑같이 배분되어야 할 것이다. 품질과 가격이 같다면 사람들은 줄이 더 짧은 곳에 가서 설 테니 말이다. 그런데 실제로는 그렇지 않았다. 그래서 경제학자인 나는 생각에 빠졌다. 왜 그럴까?

사람들은 왜 줄이 더 긴 가게에 줄을 서는 걸까?

"줄을 더 길게 선 노점의 브레첼이 더 맛있다."

나의 이 첫 번째 직관도 그다지 틀린 건 아니다. 하지만 이 생각에는 작은 함정이 있다. 두 노점은 똑같이 역 앞에 있고, 브레첼을 사는 사람들 중 다수는 마인츠 출신이 아닌데도, 왜 다른 노점에는 사람들이 거의 줄을 서지 않는가 하는 의문에 대해 명확한 설명을 하지 못하는 것이다. 예를 들어, 전에 한 번도 마인츠에 와본 적이 없는 여행객들이 두 노점 중 어느 쪽이 더 나은 브레첼을 파는지 어떻게 안단 말인가? 기다리는 시간이 더 짧을 텐데도, 왜 그쪽 노점에 가서 줄을 서지 않을까? 적어도 이방인들은 줄이 짧은 노점의 고객이 되어야만 하지 않는가? 그런데 왜, 왜 그들조차 장사가 더 잘되는 노점에 가서 줄을 서는 걸까?

이 수수께끼의 해답은 간단하다. 이방인이라도, 한 번도 그곳에서 브레첼을 사먹어본 적이 없는 사람이더라도, 양쪽 노점 가운데 어느 쪽이 더 나은지는 금세 추측할 수 있다. 어떻게? 그냥 줄이 더 긴 노점에 가서 줄을 서면 되는 것이다. 그러면 대개의 경우 성공한다고 생각한다. 그 근거 또한 아주 간단하다.

내가 그 품질은 처음부터 판단할 수 없고 판매자에 대해서도 알지 못하는 두 가지 상품 가운데 하나를 선택해야만 한다면, 다수의 고객이 선택하는 상품을 집는 것이 합리적이라고 생각하는 것이다. 잘 알지 못하는 고객으로서 나는 대다수 고객의 선택에서 그들이 가지고 있는 정보를 확인할 수 있다고 생각한다. 도대체 왜 그들이 모두 한 브레첼 노점에만 줄을 서겠는가? 거기에는 대체로 한 가지 이유밖에 없다. 그 노점의 브레첼이 더 맛있기 때문인 것이다.

다른 말로 하자면, 그렇게 많은 사람이 한 가지 특정한 상품을 선택한 상황이 그 상품에 대한 일종의 '추천'으로 평가되는 것이다. 고객이 들끓는 노점에 줄을 서는 사람들 가운데 대부분은 반대편 경쟁자의 브레첼은 한 번도 먹어본 적이 없을 것이다. 사실 그렇게 할 필요조차 느끼지 못할 것이다. 그냥 다른 사람들의 판단에 맡기면 되니까.

참고로, 여기에 제시된 모든 사고 과정은 '효율적인 대기 줄 이론'과 결코 모순되지 않는다. 브레첼 노점 앞의 장사진은 브레첼의 품질에 대한 고객의 기대가 표현된 것이다. 반면 마트 계산대의 경우, 모든 계산원이 대략 거의 똑같은 업무 능력을 지니고 있을 거라고 기대된다.

이런 전략은 휴가지에서도 적용된다. 내 여자친구는 휴가기간에 친구들과 함께 프랑스를 일주했는데, 늘 장거리 운전자들이 많이 찾는 휴게소에서만 식사를 했다고 한다. 분위기 때문이 아니라, 장거리 운전자들이 맛있는 집을 가장 잘 알고 있다고 믿었기 때문이다.

외국에서 식당에 갈 경우, 어디 가면 그 지역 주민들을 많이 만날 수 있는지 관찰해보는 것이 좋다. 대부분 그런 곳에서 관광객 대상의 요리가 아니라, 정말로 맛있고 토속적인 음식을 먹을 수 있다. 이런 발상 역시 이방인들이 왜 줄이 긴 브레첼 노점에 줄을 서는지에 대한 설명이 된다. 노점 앞의 긴 줄을 그들은 '품질보증'으로 해석하는 것이다. 그렇지 않다면 왜 다른 쪽 노점에는 아무도 줄을 서지 않겠는가?

물론 이런 전략에도 역작용이 있을 수 있다. 줄이 긴 브레첼 노점이 반드시 더 맛있는 브레첼을 판매하는 것은 아닐 수도 있다는 얘기다(그렇다고 그 노점의 브레첼이 맛이 없다는 얘기는 아니다).

대략 다음과 같은 일이 일어났을 수 있다. 우연히 한 노점 앞에 긴 줄이 형성됐다. 그 줄이 다른 고객들을 끌어들였다. 극단적인 경우 브레첼의 품질에 대해서는 애초에 아무도 몰랐을지라도, 모든 사람이 그 노점에서 브레첼을 구입한다. 물론 이 브레첼 노점은 이후 지속적으로 품질을 통해서 고객을 설득해야만 할 것이다. 첫 구매 후에는 고객들이 브레첼의 맛을 평가할 수 있기 때문이다.

모르는 제품을 구매할 때 '긴 줄'은 품질보증서다

처음에는 정말 품질을 모르는 채 구매하게 되는 제품들이 있다. 나는 매번 극장에 가서 또다시 끔찍한 영화 앞에 앉아 있곤 한다. 영화는 사실 브레첼보다 판매하기가 훨씬 어렵다. 브레첼은 대개 항상 같은 품질을 유지하며, 일단 고객들 사이에서 소문이 나면 판매하기가 한결 쉬워진다. 한번 먹어본 고객들은 자신이 어떤 품질의 브레첼을 구매했는지, 앞으로도 계속 사먹을지를 바로 알게 된다.

영화는 다르다. 영화마다 내용과 작품성이 전부 다르고, 관객들은 일반적으로 한 영화를 딱 한 번만 본다. 그래서 문제다. 관객은 그 영화가 실제로 어떤지 모르는 상황에서 돈을 지불해야 하는 것이다. 어떤 영화인지 아는 순간(그러니까 극장에 앉아서 영화를 볼 때) 돈은 이미 사라진

후다. 그리고 반복 구매는 보통 일어나지 않는다.

따라서 잠재적인 고객들에게 이 영화가 멋지다는 사실을 분명히 밝혀주어야만 한다. 어떻게? 방법은 아주 간단하다. '단숨에 100만 관객 돌파!'라는 말을 들으면 마음속에는 벌써 매표소 앞의 장사진이 그려진다. 바로 옆에는 터틀넥 스웨터를 입는 사람들을 위한 독일 화제작이 파리를 날리고 있지만, 이 영화는 벌써 100만 명이나 보았다면, 틀림없이 대단한 영화일 것이다. 그렇지 않은가? 당신도 알다시피 이것은 '브레첼 노점' 메커니즘이 영화사업으로 전이된 것이다. 그렇게 많은 사람이 이미 이 영화를 보았다는 사실이 잠재적인 관객들에게 진정한 품질보증서로 작용한 것이다.

음악 분야의 상품들 또한 구매를 하기 전에는 그 품질을 충분히 평가할 수 없다. 그래서 예의 '브레첼 노점' 메커니즘이 작동한다. 음반들 중에는 '골든'이니 '실버'니 하는 수식이 공식적으로 부여된 것들이 있다. 어떤 CD 위에는 아주 크게 '이미 100만 장 돌파!'라고 쓰여 있다. 또 '이미 100만 장 예약!'이라고 광고하는 경우도 있다. 이런 수식이나 광고문구를 보면, 아직 구매하지 않은 잠재 고객들은 다른 모든 청취자가 이 음반을 근사하게 여긴다고 생각하게 된다. (엄밀히 말하면, '근사하게 여긴다'와 '구매한다' 사이에는 차이가 있다. 100만 명의 구매자 가운데 얼마나 많은 청취자가 그 음반을 한 번 듣고 쓰레기통에 내던졌는지 당신은 알지 못한다. 마찬가지로 얼마나 많은 관객이 그 영화를 정말로 마음에 들어했는지 우리는 전혀 알 수 없다.)

그러고 보면, 왜 '히트 퍼레이드' CD가 그렇게 히트를 치는지 역시 분명해진다. 이런 음반들은 우유부단한 사람들에게 효과적으로 구매를 설득함으로써 업계에 봉사한다. '미국 최고의 히트곡들'이 그 CD에 담겨 있다는데, 어떤 우유부단한 구매자가 손을 뻗지 않겠는가? 이런 형태의 광고는 그 밖에도 아주 많다. 수많은 기업과 서비스 종사자들이 이 메커니즘을 이용해서 대다수 고객의 관심을 끌고 있다는 것이다.

더 싼 가격의 배신, 경제학자의 장보기

"기업가에게 가장 중요한 것은 기회를 개척하고 포착하는 능력이다."

– 로버트 먼델 –

 나는 대형 마트를 좋아한다. 통로를 배회하고, 필요하지도 않은 수백 가지 물건에 감탄하면서, 사람들과 음악과 냄새를 즐긴다. 간단히 말해, 나는 대형 마트를 '사랑'한다.

게다가 우리 동네 모퉁이에 있는 대형 마트는 값이 가장 저렴한 마트 가운데 하나임을 과시한다. 입구에만 들어서도 벌써 그렇다고 장담을 한다. 그곳에는 쇼핑카트 두 개가 서 있는데, 둘 다 똑같은 물건이 담겨 있다. 하나는 그 마트의 물건들이고, 다른 하나는 경쟁 마트의 물건들이다. 두 카트 중 어느 쪽이 더 쌀지 한번 맞혀보시라.

너무나도 당연히, 그렇다! 카트 앞에 뽐내는 문구가 붙어 있다.

"이 모든 제품을 우리 마트에서 사면 경쟁 마트보다 적어도 20유로는 싸게 사실 수 있습니다."

마트에서는 쇼핑을 하느라 분주한 가운데 그 광고를 인정했지만, 집에 돌아와서 곰곰이 생각해보니 좀 의심스러웠다. "사람들이 날 또 속인 걸까?" 나는 그렇다고 생각한다.

모든 제품이 경쟁 마트보다 더 쌀 수는 없다!

내게 남은 마지막 초콜릿을 걸고 내기를 해도 좋다. 경쟁 마트도 똑같이 두 개의 장바구니에 똑같은 제품을 담아 입구에 걸어놓고, 자기 마트의 가격이 더 싸다는 사실을 입증해 보일 수 있을 것이다. 그 술책은 사실 아주 간단하다. 바로 경쟁자보다 우리가 더 싼 물건만 골라서 카트에 담는 것이다. 이번에는 내게 남은 두 번째 초콜릿을 걸고 내기를 해도 좋다. 어떤 마트도 경쟁 마트와 비교했을 때, 정말로 모든 제품이 더 싸지는 않을 것이다. (값이 싼 할인 마트와 격조 높은 마트 사이에는 물론 큰 차이가 존재한다. 하지만 고객층이 이미 다르므로, 여기서는 일단 접어두자.)

공정하게 비교하려면, 두 마트에서 파는 제품을 전부 각각의 카트에 담아야 할 것이다. 그러면 고객들은 두 마트 가운데 어느 쪽이 더 싼지를 분명히 알게 될 것이다. 그런데…… 정말 그럴까?

나는 그렇지 않다고 생각한다. 우리가 알게 되는 것은, 두 마트 가운데 어느 쪽이 평균적으로 더 저렴한가뿐이다. A마트가 제품 하나만 빼고 전부 다 B마트보다 조금 더 싸다고 한번 가정해보자. 그런데 그 하나의 제품은 A가 B보다 다섯 배 더 비싸다(몰염치한 사람들이다). 어쨌든 모든 제품의 가격을 전체적으로 검토해본 결과, B가 A보다 더 싸다는 평가를 받았다. 값비싼 제품 한 개 때문에 모든 다른 가격의 우위가 쓸모없어져 버린 것이다. 이 경우, 당신은 두 마트 가운데 어느 쪽이 더 저렴한지 명백하게 판단할 수 있을까? 그래서 우리는 가격비교에 있어서 그 다음 문제에 부딪히게 된다.

나에게 정말로 저렴한 마트를 찾는 방법

제품마다 가격 차이가 별로 크지 않아서 우리의 평균 가격 관찰이 어느 정도 정직하게 되었다고 가정해보자. 이 경우에도 고객으로서는 두 마트 가운데 어느 쪽이 자신에게 더 저렴한지 아직 알 수 없다. 한번 생각해보시라. 어떤 고객에게는 초콜릿이 싸야만 하고, 어떤 고객에게는 냉동 피자가 싼 게 더 중요하다. 이제 초콜릿이 B마트보다 A마트에서 더 싸고, 그러나 피자는 A마트보다 B마트에서 더 싸다면, 두 마트 중 어느 쪽이 더 저렴한지는 개인적인 문제가 된다.

따라서 어느 마트가 더 저렴한지 정말로 알고 싶다면, 구매자 각자가 양쪽 마트의 물품목록을 가지고 자신의 개인적 선호도에 따라 저울질해 보아야만 한다. 장바구니에 들어 있는 물건 하나하나에 대해서, 그것이 당신에게 얼마나 중요한지 자문해보아야 하는 것이다. 다시 말해, 그 제품을 얼마나 구입하고 싶은지 따져보아야 한다는 뜻이다. 그러고 나서 그 제품들에 대한 당신의 평가를 반영하는 지수로 각각의 제품을 비교해봐야 한다. 가장 좋은 방법은 당신이 이들 제품 가운데 구매하고 싶은 것들끼리 비교하는 것이다.

올리브가 얼마나 중요한가? 만약 필요 없다면, 올리브의 지수는 0이다. 양쪽 마트에서 올리브가 얼마든지 상관없기 때문에, 올리브 가격은 당신의 결정에 영향을 끼치지 못한다. 반면 초콜릿을 아주 좋아한다면, 초콜릿의 지수는 아주 높을 것이다. 따라서 초콜릿의 가격은 당신이 어떤 마트를 좀 더 유익하다고 평가할지에 큰 영향을 미친다. (극단적인 경우, 당신의 장바구니가 딱 하나의 제품으로만 채워질 수도 있다. 그러면 이런 평가는 가장 단순해진다. 당신이 사고 싶은 초콜릿 100개의 가격이 A마트와 B마트에서 각각 얼마인지를 비교해보면 되는 것이다.)

수고스럽기만 한 통계학자들의 숫자놀음

어떤 마트가 정말로 가장 싼지를 알아보기 위해서, 모든 제품의 가격을 일일이 다 비교하는 것은 너무나 수고스러운 일 아닐까? 바로 그렇다! 그런데도 사람들은 이 숫자놀음을 매달 반복하는 수고를 한다. 그것도 우리 동네 마트뿐만 아니라 독일 전역에서. 비스바덴의 통계청은 장바구니를 쌓아놓고 그 가치를 매달 보고한다. 이것이 바로 신문 헤드라인의 '가격상승률'(이것의 주요 지표 가운데 소비자물가지수는 소비자가 지불하는 가격의 변동을 측정한 것이다 – 옮긴이)이다.

가격상승률은 독일 통계청 입구에 서 있는 거대한 쇼핑카트에 다름 아니다. 물론 그런 숫자들로 독일에서 가장 저렴한 마트를 알려주려는 것이 아니라, 독일에서의 보편적인 화폐가치 상황을 측정하려는 것이다 (그래서 다른 분야의 가격도 조사한다). 이 가격상승률을 보고 우리는 간단하게 매달 장바구니의 가치를 확인할 수 있다. 장바구니의 가격이 올라가면 가격상승률 역시 올라간다.

"하지만 그건 정말 부정확하다."

이 말은 기본적으로 옳다. 이제 다시 한 번 우리의 쇼핑카트를 생각해보면, 독일 전체가 몰두하고 있는 질문에 당신 스스로 대답할 수 있을 것이다. 유로화 때문에 모든 것이 더 비싸졌을까? 비스바덴의 통계학자들은 이 질문에 대해 아주 분명하게 아니라고 말해왔다. 물가지수를 보면, 독일연방에서의 삶이 더 비싸진 건 아니라고 말이다. 우리의 쇼핑카트를 보면 그들의 말이 맞다고 할 수 있다. 쇼핑카트에 담긴 제품을 전부 비교해보았을 때 평균 가격이 오르지는 않았으니 말이다.

하지만 앞에서 살펴본 바에 따르면, 왜 우리가 내내 유로화 도입 이후의 삶이 더 비싸졌다고 느끼게 되었는지, 그 이유를 곧장 알 수 있다. 쇼핑카트의 많은 제품이 가격적으로 안정을 유지해온 반면, 우리가 자주사는 물건들, 그 가격이 우리 머릿속에 들어 있고 그래서 가격이 오르면 더 강하게 인식하게 되는, 예를 들면 생필품이나 석유류 등의 가격이 유감스럽게도 비싸졌던 것이다.

그럼에도 불구하고 비스바덴의 통계학자들은, 독일 평균의 가정이 구입하는 모든 상품과 서비스의 가격을 물가지수에 포함시키려는 노력을 해왔다. 하지만 당신의 개인적인 구매목록이 통계청과 일치하지 않을 때, 가격상승률은 당신이 체감하는 가격 상승의 정도를 실제로 재현해내지 못한다. 그리고 당신이 유로화가 도입된 후 가격이 오른 제품들을 주로 소비한다면, 유로는 당신에게 토이로Teuro(독일어로 '비싼teuer 유로Euro'라는 뜻의 합성어 - 옮긴이)가 될 것이다. 당신의 이웃에게는 그렇지 않을지도 모르지만. (모든 게 다 올랐다는 생각이 든다면 다음 이야기로 위로를 삼으시라. 유로는 절대로 토이로가 아니라고 끊임없이 강조했던 통계청 장관은 언젠가 나와 대화를 하면서, 유로화가 도입된 후 그때까지 즐겨 찾던 피자 가게의 가격이 너무 올라서 더 이상 그곳에 가지 못하게 됐다고 이를 북북 갈면서 인정했다.)

이제 통계청도 이런 문제를 알고 있다. 그래서 이제는 물가지수뿐만 아니라 경제의 다양한 분야에서의 가격 상황에 대한 정보를 제공하기 위해 여러 가지 광범위한 지수를 제시한다. 개인 가계의 생활 유지에 필요한 물가지수와 더불어 고수입의 공무원과 직장인으로 구성된 4인 가계, 중수입의 노동자와 직장인으로 구성된 4인 가계, 저수입의 연금생활자로 구성된 2인 가계 등을 위한 지수도 있다. 이 외에 다양한 경제 단계에서의 가격 변동을 보여주는 가격지수도 광범위하게 존재한다. 예를 들자면, 상업제품의 생산자 가격, 도매 가격 혹은 수출입 가격 등이 그 대상이다.

그러나 이 모든 것은 당신에게 개인적으로 큰 도움이 되지는 않을 것이다. 우리 각자의 가격상승률은 개인적인 소비 성향에서 산출해낼 수 있는데, 통계청은 평균으로만 그 비율을 계산해낼 수 있기 때문이다.

우리를 착각에 빠뜨리는 종합주가지수

이런 가격지수들과 관련해서 우리가 착각하기 쉬운 것이 또 하나 있는데, 바로 주가지수다. 신문에서 '독일 주식이 10퍼센트 상승했다'는 기사를 읽은 나는 내가 산 독일 펀드가 10퍼센트 하락했다는 이야기를 듣고 몹시 의아했다. 그 수수께끼의 해답은 간단했다. 저널리스트들이 가리킨 것은 독일 주식이 아니라, 독일종합주가지수Dax에 포함된 주식들의 평균 주가였던 것이다. 이 주식 장바구니에 들어 있는 30개의 주식 가운데 20개가 상승하고 10개가 하락했다면, 내 펀드가 공교롭게도 그 하락한 10개의 주식으로 구성돼 있다면, 독일 주식의 평균 주가가 아무리 상승했다고 해도, 나는 독일 주식으로 손해를 볼 수 있는 것이다.

그러니 주가지수의 비교 역시 우리를 착각에 빠지게 할 뿐이다. 내가 어떤 주식을 사야 더 재미를 볼지에 대해서는 아무것도 말해주지 않는다. 그건 바로 마트 입구에 서 있는 쇼핑카트와 마찬가지다. 나에게 중요한 것은 그 카트가 아니다. 내가 계산하고 돈을 지불해야 하는 것은 내 쇼핑카트에 들어 있는 물건인 것이다.

경제학자는 숫자를 믿지 않는다

 "우리는 자신이 직접 조작한 통계만 믿는다."

윈스턴 처칠의 말이다. (물론 그가 정말 이런 말을 했는지에 대해서는 지금까지 입증된 바가 없다. 어쩌면 '조작된 통계'에 관한 그의 이 말조차 조작된 것인지도 모른다.)

유감스럽게도 이 말에는 벌써 진짜 핵심이 들어 있다. 사실은 자기 자신의 관심사 혹은 이데올로기가 작동하는 곳에서 학문성을 가장하기 위해 너무나도 자주 숫자들이 사용되며, 광고 역시 교묘한 속임수를 위해 숫자 사용하기를 좋아한다.

이런 숫자 사기 가운데 고전적인 것이, 일련의 숫자들을 나열해 매출액이나 수익 등을 나타내는 그래프다. 금융기관들은 종종 자기 상품의 수익성으로 광고를 만드는데, 가파르게 위로 향하는 선을 우아한 그래프로 묘사해 그 상품의 탁월한 수익성을 상징적으로 보여준다. 하지만 유감스럽게도 지난 3년간 광고된 상품들의 수익성이 그만큼 고객들을 만족시킨 것은 아니다. 그래서 '좋은 충고는 비싼 거야'라고 사람들은 생각할지도 모른다. 하지만 사실 좋은 충고는 정말 값이 싸다.

숫자 사기의 고전, 그래프

그렇다면 금융기관의 광고 전문가들은 도대체 어떻게 그런 광고를 만들어왔단 말인가? 아주 간단하게, 그들은 미리 아주 세심하게 선별한 포인트에서 그래프를 시작한다. 예를 들어보자. '2000년까지 주가는 가파르게 상승했다가 이후 그만큼 깊이 추락했다.' 자, 이제 어떻게 할까? 가능한 한 묘사 기간을 길게 잡아서 차트의 곡선이 가파르게 상승하는 것처럼 보여야 한다. 마지막 부분의 손실(가치가 떨어졌을 때)을 시각적으로 아주 작아 보이게 만드는 것이다.

이 분야에서 뛰어난 미국의 한 펀드회사는 그 펀드의 수익성을 극적으로 보여주기 위해 1927년(!)부터 그래프에 반영했다. 펀드 부문의 가치가 그래프의 마지막 2년 동안 2000년 대비 반 토막이 났다는 사실은 그 그래프에서 거의 볼 수도 없었다. 1927~2000년의 가치 상승이 차지하는 분량이 너무나 커서, 그 기간은 아예 눈에 띄지도 않았던 것이다. 그래서 그 그래프의 메시지는 다음과 같았다.

"70년 동안 이 펀드에 투자했다면 이렇게 많이 벌었다. 당신도 그렇게 오랫동안 당신의 돈을 기다리고 싶은가?"

물론 그래프에 약간의 생기를 불어넣으려고 그렇게 오랜 시간을 붙잡아둘 수 없는 경우도 있다. 그때에는 시작을 바로 저점에서부터 하면 된다. 예를 들어보자. 2003년 3월까지 주가가 떨어지다가 그 후 다시 급등했다. 그렇다면 어떤 시점부터 그래프를 그릴까? 당연히 2003년 3월부터 우리의 금융상품은 갑자기 우리 앞에 '재산 로켓'처럼 등장할 것이다. 그 이전의 추락 국면은 화면에서 지워졌다. 당신도 알다시피, 언제나 문제는 어떤 시기를 관찰 대상으로 선택하느냐다. 그에 따라 원하는 대로 상승 혹은 하락 곡선을 불러낼 수 있다.

그런 속임수를 시각적으로 좀 더 뒷받침하는 방법이 있다. 그래프를 약간 축소하거나 늘여서, 그래프의 비율이 실제 숫자의 비율과 다르게 만드는 것이다. 그렇게 되면 우리의 두 눈은 자동적으로 눈앞에 보이는 것을 신뢰하면서, 두뇌에게 그래프에서 나타나는 손실은 그렇게 심각하지 않다는 암시를 하게 된다. 결국 그래프는 그 모든 것이 그렇게 터무니없어 보이지 않게 만드는 것이다.

그래프가 이렇게 속임수를 쓴다는 걸 사람들은 곧 잊어버린다. 또한 그래프의 비율이 그 그래프를 통해서 전달되는 숫자의 실제 비율에 상응해야만 한다는 법은 어디에도 없다. 그렇게 해서 그래프는 우리의 잠재의식을 속이고, 잠재의식은 판단력을 속인다.

이런 그래프 속임수의 탁월한 사례를 독일연방 정부의 '어젠다 2010'(게르하르트 슈뢰더 독일 전 총리가 2003년 발표한 국가 개혁안 – 옮긴이)에 대한 광고 팸플릿에서 발견할 수 있다. 가계지출을 다양한 크기의 유모차로 표시하고 있는데, 유모차의 크기를 실제 수치와 비교해보면, 그 비율이 우습기 짝이 없다. 정부는 유모차 아이콘의 배치에는 관대했지만, 정작 가족 부양에 필요한 수단에 대해서는 그렇지 않았다.

정확한 사이비 정확성과 부정확한 진짜 정확성

'정확성'이라는 환상으로 역시 비슷한 효과를 얻을 수 있다. 얼마 전 신문에서, 2002년 미국에서는 117,831명이 성형수술을 받아 얼굴의 주름을 폈다는(이른바 '페이스리프팅') 기사를 읽었다. 117,830도 아니고 117,832도 아니고, 정확히 117,831명이 수술을 받았다는 것이다. 그리고 그 평균 비용이 정확히 5,352달러였다(1센트도 많지도 적지도 않았다).

많은 신문기사가 통계적인 정확성을 가지고 이야기를 하지만, 사실 놀라운 일이 아닐 수 없다. 도대체 어디서 그 저널리스트, 전문가, 통계학자들은 그렇게 정확한 수치를 가져온단 말인가?

인구가 3억여 명인 미국에서 페이스리프팅 수술이 몇 건이나 진행되었는지, 어떻게 그렇게 자세히 확인할 수 있었을까? 일일이 다 세어봤을까? 아니다. 일반적으로 그런 숫자는 표본 계산, 어림잡기, 보충 기록 등을 통해서 만들어진다. 그런데도 그들은 '대략 120,000건의 수술이 있었다'고 쓰는 대신, 독자들의 귀에 그 '정확한'(정확하다고 그들이 말하는) 수치를 떠들어낸다. 그리고 이 '정확하다'는 평균값은 예측된 혹은 표본으로 계산된 숫자들을 다른 숫자로 나눠서 만들어낸다. 예를 들어, 1인

당 페이스리프팅 비용이 그런 식의 '계산'을 통해 만들어진다.

결과가 들어맞는 경우도 드물고 실제로는 존재하지도 않는 이런 '사이비 정확성'이 보는 사람들을 그럴듯하게 속여넘긴다. "미국에서 페이스리프팅을 하려면 비용이 얼마나 드는가?" 하는 질문에 대한 진짜 '정확한' 답은 4,900~5,300달러" 혹은 "대략 5,000달러"일 것이다. 하지만 도대체 어떤 신문이 그렇게 '부정확한' 정보를 제공하고 싶어 하겠는가?

이런 사이비 정확성이 더 문제가 되는 것은, 유일한 숫자를 통해서 전체 국민경제를 진술하려고 할 때다. 어떤 나라가 얼마나 부자인지 알고 싶은가? 그럴 때 신문은 종종 일반적인 GDP를 언급한다. 이 국내총생산이 어떤 환시세로 환산된 것인지, 이 나라의 인구는 어느 정도인지, 유아사망률이나 문맹률 혹은 환경오염 등 다른 복지국가 지표는 어떤 평가를 받는지 등에 대해서는 아무것도 제시하지 않는다.

이렇게 한 나라의 국민경제에 대한 정보를 달랑 숫자 하나로 제시하려는 시도만큼이나 문제가 많은 것이 있다. 바로 다우존스지수를 가지고 미국 주식시장의 상황을 추론해내려는 시도다. 물론 다우존스지수는 미국에서 가장 잘 알려진 주식지수로, 뉴욕 증권시장에 상장된 기업 가운데 30개를 선정해서 그 주가를 평균해 산출한다. 그 회사들을 수량, 즉 거래중인 주식의 수에 주식의 가치를 곱한 시가총액으로 비교해서 계산하지 않고, 단순히 평균만 산출한다는 이야기다. 작은 기업들의 주가나 대기업의 주가 모두 지수에 미치는 영향력은 똑같은 것이다. 6천여 개 기업의 주식이 거래되고 있는 미국 주식시장의 상황을 30개 기업의 단순 평균값을 가지고 평가하는 것이 과연 타당하다고 생각하는가?

'평균값'이 알려주지 않는 것들

우리가 종종 '평균값'으로 저지르는 경솔함을 과소평가해서는 안 된다. 여기 단순 평균값이 너무나 큰 사랑을 받는 또 다른 사례가 있다. 세계은행이 광범한 연구를 통해서 밝혀낸 바에 따르면, 지난 20년간 전 세계의 불평등이 증폭돼왔다고 한다. 이에 충격을 받은 세계화 반대 세력은 그 책임이 자본주의라는 악에 있다면서 격렬하게 항의했다. 하지만 경제학자 하비에르 살라이마르틴Xavier Sala-i-Martin은 그 수치들을 좀 더 자세히 살펴보기로 했다. 그 결과, 세계은행은 두 눈에 불이 번쩍 나도록 뺨을 맞아야 한다는 결론에 도달했다. 그들은 전 세계의 소득 분배를 계산하면서 각 나라를 똑같이 비교·검토한 것이다. 중국과 인도의 20억 인구가 지난 20년간 복지에서 탁월한 향상을 이룩했다는 사실이, 세계은행의 계산에서는 2억 명도 채 안 되는 몇몇 아프리카 국가에서는 가난이 증가했다는 상황과 같은 비중으로 반영되었다는 이야기다.

당신이 독일연방의 소득이 어떻게 발전해왔는지에 관해 조사하다가 다음과 같은 진술을 보았다고 가정해보자. '연방의 모든 주에서 소득의 변화가 없었지만, 노르트라인베스트팔렌은 올랐고, 브레멘과 함부르크는 떨어졌다.' 이때 당신은 연방의 소득이 올랐다고 말할 것인가, 떨어졌다고 말할 것인가? 세계은행은 '떨어졌다'고 대답할 것이다. 노르트라인베스트팔렌의 인구가 함부르크와 브레멘을 합친 것보다 훨씬 많다 하더라도 말이다.

더 나쁜 것은, 평균값은 분배에 대해서 아무것도 알려주지 않는다는 것이다. 예를 들어, 어느 도시의 주민이 100명인데, 그중 99명은 한 달에 간신히 100유로를 벌고 나머지 1명의 백만장자가 10만 유로를 번다고 가정해보자. 이때 평균 소득은 1,099유로가 된다. 이 평균값이 진정한 '평균'에 대한 당신의 직관에 들어맞는가? 나는 아니라고 생각한다. 그래서 통계학자들은 이른바 '메디안(중앙값)'을 선호한다. 메디안이란 숫자들을 크기대로 늘어놓았을 때 중앙에 위치하는 값을 말한다. 위 사례에서 메디안은 100이다.

이처럼 평균값이란 기본적으로 그다지 많은 것을 알려주지 않는다. 따라서 신문에서 평균값과 부딪히거들랑, 평균에 관한 오래된 통계학적 농담을 떠올리시라.

"머리는 오븐에, 다리는 냉장고에! 하지만 평균 온도는 딱 적당하다."

이런 숫자들의 문제는 사실 우리가 그걸 신뢰한다는 데 있다. 그러니 모든 숫자의 힘을 믿지 말라는 이야기가 아니다. 다만 당신이 언젠가 몇 개의 그럴듯한 숫자를 접했을 때 한번쯤 비판적인 관찰을 해보는 것도 나쁘지 않다는 말을 해주고 싶을 뿐이다.

우리 팀이 지는 데 베팅하는 경제 심리

"투자에 성공하기 위해서는 특별한 지능이나 직관이 필요한 게 아니라,
간단한 투자 규칙을 잘 지키기만 하면 된다."

– 벤저민 그레이엄 –

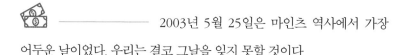 2003년 5월 25일은 마인츠 역사에서 가장 어두운 날이었다. 우리는 결코 그날을 잊지 못할 것이다.

그날은 FSV마인츠05(독일의 프로축구팀 – 옮긴이)가 오랜 시간의 힘겨운 투쟁 끝에 드디어 분데스리가 1부 리그로 '올라설' 날이었다. 물론 경기 시작 후 93분까지만. 그 순간 프랑크푸르트에서 골이 터졌고, 마인츠 대신 프랑크푸르트가 1부 리그로 올라섰다.

마인츠 전 지역이 슬픔에 잠겼고, 내 친구 몇몇은 더 슬퍼했다. 올해는 마인츠가 반드시 올라갈 거라고 내기까지 걸었던 것이다. 내기의 수단은 '인류 공통의 통화(?)'였다. 맥주를 대량으로 기부하거나 마시기 혹은 대머리 밀기나 8시간 동안 드라마 한 시즌 몰아보기 같은 미친 짓거리들 말이다.

내가 응원하는 팀이 지는 데 내기를 거는 이유

나는 친구들의 그런 내기를 말렸다. 축구팬으로서 자기 팀이 이길 거라는 데 내기를 거는 게 얼마나 어리석은 일인지를 열심히 설명했다. 마인츠를 믿지 못해서가 아니라, 난 리스크에 소심한 사람이기 때문이었다. 그러나 친구들이 마인츠가 올라가지 못할 거라는 데 내기를 걸었다면 아마 말리지 않았을 것이다. 그 이유는? 달리 뭐가 있겠는가, 다만 '경제적'인 이유일 뿐.

한번 생각해보자. 당신은 어떤 인생을 살고 싶은가? 내가 아는 대부분의 사람들은 '아찔한' 결과를 낳지 않는 '약간 탈선한' 인생을 좋아한다. 간혹 '아찔함과 격렬함'이라는 변수를 선택하는 사람들도 있지만, 그들도 사실은 산의 정상을 추구하지, 골짜기에 대해서는 별로 알고 싶어 하지 않는다. 나는 전자 쪽이다. 인생을 약간 높이고 싶으면 실망을 낮추려고 노력한다.

독일 최고의 축구팀이라고 할 수 있는 FSV마인츠05의 분데스리가 승격에 대해서는 어땠을까? 아주 간단하다. 나는 마인츠가 올라가지 못한다면 실망이 엄청 클 거라는 걸 알고 있었다. 이제 다음 질문! 그런 실망감을 어떻게 위로받을 수 있을까? 금전적인 보상 혹은 열 상자의 맥주라면, 하늘이 무너진 것처럼 부당하게 느껴지는 탈락에 대해 절반쯤은 위로가 되지 않을까? 따라서 마인츠가 패배했을 때 나에게 그런 보상을 해줄 수 있는 메커니즘을 구상해야만 한다. 그리고 그것은 물론 마인츠가 지는 데 내기를 거는 것이다.

이런 메커니즘은 다음과 같이 기능한다. 일단 마인츠가 패배한다는데, 일정한 액수 혹은 일정한 양의 술을 건다. 이후 다음과 같은 일이 일어난다. 마인츠가 패배하면 나는 적잖은 감정적 손실을 입겠지만, 내기에서 돈이나 술을 따는 것으로 보상받는다(돈이든 술이든 상처를 달래는 데 어느 정도 도움이 된다). 마인츠가 이기면 물론 내가 돈이나 술을 내야 하지만, 대신 감정적인 환희를 얻는다.

당신도 알다시피, 이런 내기는 두 방향으로 흘러간다. 내가 내기에서 이기면(우리 팀이 경기에서 지면) 상대방이 (돈이나 술을 냄으로써) 나의 상처를 달래주고, 내가 지면(우리 팀이 이기면) 상대방으로 인해(그들에게 돈이나 술을 냄으로써) 내 환희의 감정이 약간 억눌린다. 결과적으로, 나는 환희와 상처를 약간 완화시켰고, 그럼으로써 감정적인 안정이 고양되었다.

보험과 축구 내기의 공통점과 차이점

이런 메커니즘을 이해했다면, 이제 보험이 어떻게 기능하는지도 이해할 수 있을 것이다. 그것은 내가 FSV마인츠05가 패배하는 데 내기를 건 것과 전혀 다르지 않기 때문이다. 마인츠가 질 리스크에 대한 '보험'인 것이다. 마인츠가 실제로 졌을 때 내가 술이나 돈을 땀으로써 보상을 받았듯이, 사고 등의 리스크가 발생하면 보험회사가 돈을 지불해 보상한다. 반대로 마인츠가 이기면 내가 돈이나 술을 내야만 하는데, 이것이 내가 납부하는 '보험료'다.

이것이 바로 보험의 원칙이다. 내가 보험료를 지불하면, 손해가 발생했을 때 보험회사가 내 손실을 줄여준다. 보험료는 물론 평소에는 내 행복감을 위축시키지만, 그것은 손해가 발생했을 때 보상받게 되는 바로 그 대가다.

보험이 축구 내기와 유일하게 다른 점은, 특별히 불운한 일이 없는 평소에도 정기적으로 보험료를 납입하라고 요구한다는 것이다. 그러니까 내가 매달 보험회사와 새로운 내기를 체결하는 것과 같다. 예를 들어, 이 달 안에 내가 뭘 망가뜨리든지, 다른 사람이 내 자동차에 손상을 입히든지, 병에 걸리거나 법률 소송을 시작한다는 데 내기를 걸면, 보험회사는 그렇지 않을 거라는 데 내기를 거는 셈이다. 한 달 뒤 우리는 내가 두려워한 리스크가 발생하지 않았음을 확인하고, 나는 내기 돈으로 보험료를 지불한다. 반대로 리스크가 발생했다면 보험회사가 손해 금액을 지불해주는데, 그것이 그들의 내기 돈이다.

그 결과 나는 인생의 진폭을 줄일 수 있다. 내가 병에 걸리면 보험회사가 치료비를 지불함으로써 인생의 추가 지나치게 아래로 처지지 않도록 해준다. 계속 건강하면 내가 보험료를 냄으로써 인생의 추가 지나치게 치솟지 못하도록 한다. 보험은 이처럼 내 인생의 기복을 약간 매끄럽게 해주는 것이다.

이런 메커니즘을 이해하면, 세상에 보험이 이렇게 적게 존재하는 것이 오히려 이상하게 느껴진다. 사실 건강, 실업, 상해, 법적 분쟁 등의 큰 리스크에 대해서는 대략 안전장치가 마련돼 있지만, 우리 일상의 많은 부분에 아직 보험이 개발되지 않았다. 예를 들어보자. 이혼은 양 당사자 모두에게 매우 큰 소득 리스크다. 두 가정을 함께 꾸려나가는 것은 사람들이 생각하는 이상으로 가계에 큰 충격을 준다. 그런데 왜 결혼식 때 이혼보험을 체결해 그런 리스크의 일부를 덜어내지 않는 것일까? 이런 이야기가 그렇게 낭만적으로 들리지는 않겠지만, 현실적인 생활을 위해서는 꽤 합리적인 대안이 될 것이다. (혼인계약은 꼭 결혼생활을 위한 것만은 아니다.)

경제학자 로버트 실러가 제안한 새로운 보험들

이처럼 우리가 일상생활에서 맞닥뜨릴 수 있는 많은 소득 리스크가 아직 보험으로 개발되지 않았다(보험이 있으면 훨씬 유익할 텐데도). 그래서 미국의 경제학자 로버트 실러Robert Shiller는 몇 가지 보험을 제안했다.

실러는 먼저 부동산 가격의 몰락에 대한 보험을 제안했다. 나는 그의 제안이 아주 현명하다고 생각한다. 집을 소유한 사람들은 자기 재산의 아주 큰 부분을 차지하는 집의 가치가 주변 환경에 따라 달라진다는 사실을 종종 인식하지 못한다. 예를 들어, 인근에 고속도로가 건설되면 집값은 하락하고, 그로써 재산도 줄어든다. 어쩌면 당신도 바뀐 환경 때문에 이사를 가고 싶을지 모르지만, 줄어든 당신의 재산은 어디서도 보상을 받지 못한다. 이럴 때 집값 하락에 대비한 보험이 있다면 정말 큰 도움이 될 것이다.

실러가 제안한 또 다른 보험은 직업 관련 소득 리스크에 대한 것이다. 당신이 어떤 직업을 얻기 위해 오랜 기간 교육을 받아왔는데, 그 수입 가능성이 갑자기 엄청나게 떨어졌다면 어떻게 하겠는가? 그 직업에 진출하면 돈을 많이 벌 것 같아서 선택했는데, 이제 와 보니 잘못된 선택임이 드러난 것이다. 그렇다고 이제 와서 새로운 직업을 구하기에는 너무 늦었다.

사실 어떤 직업을 선택하는 것은 정말 리스크가 큰 일이다. 교육비도 많이 들고 시간도 오래 걸리는 데다, 잘못된 선택일 경우 다시 수정할 가능성이 거의 없다. 이제 보험회사가 그런 잘못된 선택의 여파를 줄여주면 좋지 않을까? 예를 들어, 보험금 지불을 그 시기 직업들의 수입지수와 연계시켜서, 지수가 특정액 아래로 떨어지면 보험회사가 그만큼을 보상해주는 식으로 말이다.

실러는 또 다른 아이디어도 제시했다. 이른바 '매크로헤지macro-hedge'로, 자국의 국민총생산이 떨어지는 데 내기를 거는 것이다. 그 이면에는 다음과 같은 계산이 깔려 있다. 한 나라의 국민총생산이 떨어지면 경제활동이 위축되어 불황에 빠지기 쉽다. 불황기에는 대부분 소득과 생활수준이 떨어지는데, 여기서 매크로보험이 손을 내민다. 국민총생산이 떨어지면 보험회사가 계약을 체결한 사람들에게 보상금을 지불하는 것이다.

물론 이런 제안들은 세세한 부분에서 여전히 많은 문제에 붙잡혀 있다. 보상 비용을 어떻게 계산할 것인가? 보험 계약자의 사기 의도를 어떻게 예방할 것인가? 보험 계약자가 보험에 들었다는 안도감에 갑자기 경솔해지면 어떻게 할 것인가? 하지만 이런 아이디어를 좀 더 자세히 관찰해본다면, 우리에게 닥칠 수 있는 리스크의 내용과 정도에 대해 아주 새로운 통찰을 얻게 될 것이다. 그것만으로도 뭔가를 해낼 수 있는 첫발을 내디딘 것이다.

앞으로 경기장에 가면 응원하는 팀이 지는 데 내기를 걸었다고 해서 전혀 양심의 가책을 느낄 필요가 없다. 오히려 그 반대다. 어쩌면 당신은 그 '보험' 덕분에 경기를 더 제대로 즐길 수 있을지도 모른다.

판매원의 조언은 얼마나 '경제적'일까?

 "옥수수빵으로 하세요!"

판매원이 테이블 위의 맛있어 보이는 빵을 가리키며 말했다. 우리 동네에 주말장이 열렸고, 나는 빵을 사러 들른 참이었다. 통밀빵, 흰빵, 옥수수빵 사이에서 망설이다가 그에게 설득당해 그의 조언대로 옥수수빵을 샀다. '전문가의 조언을 능가할 건 없지!'라고 생각하면서 나는 계속 발걸음을 옮겼다.

디지털 카메라를 새로 사기 위해 들른 전자제품 상가에서 판매원에게 받은 조언은 더욱 전문가적이었다. 그는 자신의 비즈니스를 잘 알고 있었고, 내가 좀 더 좋은 품질의 제품을 사려면 돈을 좀 더 지불해야 한다는 사실을 아주 명쾌하게 이해시켜주었다. '좋아! 전문상가에서 샀으니까.' 나는 그렇게 생각하며 상가를 나왔다.

판매원의 친절은 철저하게 이해관계에 따른다

쇼핑한 물건들과 함께 집으로 오면서 약간 차분해졌을 때, 살짝 의구심이 생겼고 미심쩍었다. 내 안의 경제학자가 나의 쇼핑체험에 대해서 도대체 뭐라고 말하고 있는 걸까? 잠깐 생각해본 결과, 오늘 판매원들이 나에게 보여준 배려는 어쩌면 이해관계에 따른 것이었을지도 모른다는 생각이 들었다. 그건 사실 아주 단순한 딜레마와 계산법이다. 판매자와 구매자는 완전히 상반된 이해관계를 가지고 있다. 구매자는 가능하면 싸게 사고 싶어 하고, 판매자는 가능하면 많이 받고 싶어 한다. 그런 맥락에서 판매자의 조언은 완전히 새로운 면모를 드러낸다. 구매자를 상대로 오로지 이익의 극대화만을 추구한다면, 그는 나에게 최고의 상품이 아니라 마진을 최대한 남길 수 있는 제품을 떠안길 것이다. 그건 두 가지 경우로 나타난다. 판매 이익이 곧장 판매자의 소유가 되거나(아마도 빵집이 그랬을 것이다), 아니면 제품 생산자가 판매자에게 수수료를 약속해 나중에 떼어주거나. 두 경우 모두 소비자인 나로서는 유쾌하지 않은 일이다. 겉으로는 객관적인 듯한 조언이 그저 판매자의 이익 극대화 전략이었음이 드러난 것이다.

이런 딜레마는 생각보다 자주 닥친다. 모든 판매자는 어쨌든 고객에게서 돈을 벌려고 한다. 슈퍼마켓을 예로 들어보자. 그곳에 가면 아주 잘 보이고 손이 쉽게 가는 위치에 특정한 상품들(이른바 '보채기 상품'이다. 입구나 계산대 옆 손이 닿는 높이에 진열되어, 아이들이 큰 소리로 보채며 사달라고 조르는 상품들을 말한다. 당신도 쉽게 알아볼 수 있는 상품들이다)이 진열되어 있다. 하지만 어떤 물건은 허리를 구부리거나 이리저리 뒤적여야 겨우 찾을 수 있다.

이것은 결코 우연이 아니라, 정확히 계산된 것이다. 제품 공급자들은 자신들의 제품을 좋은 위치, 잘 보이는 선반에 채워놓기 위해서 슈퍼마켓에 이따금 터무니없는 금액을 지불하기도 한다. 심지어는 제품을 그저 받아주는 대가로 슈퍼마켓에 진열료를 지불하는 경우도 있다. 그리고 이런 위치 선정은 당신의 구매 결정에도 영향을 미친다. 진열대에 제품을 올려놓는 것만으로 이미 일종의 '추천'이 된 것이다.

이와 유사한 일이 금융 종사자에게서도 자주 발견된다. 예를 들어 보험 판매는, 보험 컨설턴트가 자신이 판매하는 모든 보험계약에 대해 수수료를 받는 식으로 진행된다. 컨설턴트는 최고의 수수료를 약속하는 공급자의 보험 위주로 판매하거나, 아니면 한 보험회사만을 위해서 일한다. 두 경우 모두 컨설턴트가 그의 고객에게 최선의 혹은 가장 제값을 하는 혹은 고객이 정말로 필요로 하는 보험을 판매한다고 장담할 수 없다.

사람들은 대부분 적어도 본능적으로는 그런 연관관계를 알고 있기 때문에, 보험 컨설턴트를 전적으로 신뢰하지는 않는다. 그런데 우습게도, 이런 연관성이 기본적으로는 모든 판매자에게 해당된다는 사실은 쉽게 잊어버리는 것 같다. 판매자는 항상 최고의 판매 수익(혹은 수수료)이 보장된 제품을 판매하거나, 자신과 연결돼 있는 생산자의 제품을 판매하는 데 관심이 있고, 또 그래야만 한다.

언론에서 특히 금융 서비스맨들을 수익만 노리는 파렴치한 비즈니스 메이커로 묘사하는 건 정말 이해하기 어려운 일이다. 그와 같은 비난은 사실 거의 모든 상업 종사자들에게 해당된다. 그들 역시 수익만 노리는 것이다. 아무리 훌륭한 판매자라고 해도 자신의 수익을 추구하는 건 지극히 당연한 일이다. (자동차 딜러가 벤츠만 팔려고 한다고 불평하는 사람은 아무도 없다. 그런데 왜 보험 컨설턴트에 대해서는 그런 불평을 하는가?)

판매자는 자신의 이익만을 추구한다

이익을 남기지 않으려는 판매자는 더 이상 판매자가 아니다. 아무도 판매자가 이익을 추구하는 것을 탓하지 않는다. 어쨌든 그들이(전자제품 판매원, 여행사 혹은 금융 컨설턴트 등이) 생산자를 대신해 우리에게 중요한 서비스를 제공해주기 때문이다. 그들이 제품을 판매함으로써 고객이 이들 제품에 접근할 수 있는 것이다. 그리고 그런 수고에 대해 그들은 보답받기를 원한다. 너무나도 당연한 일이다.

간략하게 말해보자. 판매자는 고객의 이익을 우선하는 옹호자가 아니다. 따라서 속임수를 당하고 싶지 않거든 고객 스스로 자기의 이익을 챙겨야 한다. 일반적으로는 아주 타당한 말이다. 여러 명의 공급자로부터 제안을 받아, 제품의 기본 특성에 대한 정보를 얻고, 가격을 비교하고, 전문 잡지를 뒤적인다. 가능한 한 모든 제품을 훑어보고, 그럼으로써 개별 판매자의 제안에 대해 능숙한 판단을 내릴 수 있도록 해주는 가능성의 리스트는 정말 한도 끝도 없다.

그리고 많은 경우 대부분 그렇게 한다. 특히 액수가 큰 물건을 구입할 때에는 더더욱 꼼꼼히 따져보기 위해 노력한다. 그 이유는 분명하다. 비싼 제품을 구입할 때는 가격의 1퍼센트라도 꽤 큰 금액이기 때문이다. 예를 들어 빵을 살 때보다 훨씬 크다. 내가 빵장수를 불신하지 않는 이유도 바로 그 때문이다. 그렇게 작은 액수에 대해서 진지하게 정보를 끌어내기엔 내가 너무 게으르기 때문이다. 하지만 기본적으로 해당되는 것이 있다. 소비자로서 나는 항상 스스로에게 정보를 제공할 가능성과 권리, 그리고 기본적으로는 의무까지도 가지고 있다.

그에 비해 판매자는 항상 자신의 이익만을 추구할 것이다. 하지만 판매자로서도 고객들에게 조언을 해주는 게 그렇게 간단한 일은 아니다. 이른바 '컨설팅 아비트리지arbitrage'(같은 상품이 지역에 따라 가격이 다를 때, 가격이 저렴한 시장에서 매입해 비싼 시장에서 매도함으로써 이익을 얻고자 하는 거래)라는 것이 그들을 힘들게 하기 때문이다. 고객이 사무실로 찾아와서 몇 시간 동안 조언을 받고는 고맙지만 다시 한 번 조용히 생각해보고 싶다고 말한다. 그러고는 곧장 같은 제품을 더 좋은 가격으로 판매하는 인근 할인점이나 인터넷 쇼핑몰로 향한다. 이런 곳에서는 조언을 해주지 않기 때문이다. 결국 잔뜩 조언을 해준 그 친절한 판매자는 얻는게 아무것도 없다.

사실 정보를 수집하는 것도 무척 수고로운 일이기 때문에, 아무리 관심이 있는 소비자라고 할지라도 그 많은 제품에 대해서 일일이 상세하고 훌륭한 정보를 수집하기란 쉽지 않다. 그리고 그건 값비싼 상품들에 해당하는 말이다. 이럴 때 좋은 조언은 값이 비싸다.

나에게 진짜 필요한 조언을 구하는 방법

이런 딜레마에 대한 최고의 해결책은 조언자를 고용하는 것이다. 판매자가 조언자 역할을 하기는 하지만, 그의 조언은 자신의 이익을 겨냥한 것이기 때문에, 조언자로서는 적합하지 않음이 이미 밝혀졌다. 그렇다면 조언자로 하여금 진짜 나의 이익을 대변하도록 만들 수 있을까? 여기 아주 간단한 방법이 있다. 우선 조언자에게 당신이 뭘 원하는지 말하고, 당신이 미리 알아본 해당 제품의 가격을 알려준다. 이제 당신의 조언자가 검색을 시작해서 가격이 좀 더 싼 해당 제품 혹은 유사 제품을 발견하면, 그렇게 절약한 액수의 일정 비율을 그에게 수수료로 주는 것이다. 이제 조언자의 이익과 당신의 이익이 잘 들어맞는다. 당신은 제품을 좀 더 싼 가격에 사고 싶고, 당신의 조언자 역시 그만큼 많은 수수료를 챙기기 위해서는 당신에게 좀 더 싸게 제품을 조달해줄 것이다.

이런 해결책(이른바 가격대행사들이 실제로 시행하는 방법이다)은 아주 그럴듯하게 들리지만, 모든 문제가 다 해결된 건 아니다. 이런 방법은 서로 비교를 아주 잘 해볼 수 있는 상품들에 대해서만 효과를 볼 수 있다. 제품 사양 혹은 품질에 차이가 거의 없다면 쉽지 않은 일이다. 그럴 땐 다른 방법이 있을 수 있다. 조언자를 찾아 그에게 시간당 조언 비용을 지불하면서, 그러나 그가 추천한 상품을 그를 통해서 사지는 않겠다는 점을 분명히 밝히는 것이다. 그럼으로써 그에게 시간당 조언비는 지불하지만, 그가 직접 이익을 볼 수 있는 길은 차단한다. 이런 방식은 비록 그 조언은 온전히 받을 수 있지만, 조언자에게는 수수료나 그와 유사한 인센티브가 없다는 점에서 완벽하다고는 할 수 없다(유감스럽게도 그에게는 오래, 천천히 검색해야겠다는 인센티브가 있다).

기본적으로 판매자의 서비스는 두 가지 요소로 분리된다. 조언과 판매다. 일반적으로 상점에서 구매를 할 때에는 이런 분리가 발생하지 않는다. 제품 구매로 두 가지 서비스 비용을 함께 지불하기 때문이다. 그리고 여기에 마지막으로 내가 제안한 해결책의 함정이 있다.

조언자를 통해 상품을 고른 후 판매자에게 간다면, 당신은 다른 모든 고객과 같은 가격을 지불하게 된다. 더불어 조언 비용도 지불하지만, 그로부터 아무런 혜택도 얻지 못한다. 따라서 이중지불을 하는 셈이다. 한 번은 독자적인 조언자에게, 그리고 한 번은 판매자의 조언 서비스에. 물론 당신은 그 서비스를 요청하지 않았지만, 판매자는 그의 가격에 미리 포함시켜놓았다. 사실 당신은 그 판매자에게 가서 이렇게 말해야만 할 것이다.

"나는 제품 X를 원해요. 조언은 필요 없습니다. 그러니 가격을 할인해주시오."

내 생각에는 대부분의 경우 씨알도 안 먹히겠지만, 가격이 비싼 제품일 경우 그래도 몇 유로쯤은 가능하지 않을까?

조언 딜레마를 해결하는 또 다른 방법은 장기적인 거래관계를 형성하는 것이다. 다시 말해 단골이 되는 것이다. 주말장의 빵장수는 내가 매주 토요일에 간다는 걸 알고 있고, 앞으로도 계속해서 토요일마다 그의 가게를 찾아주기를 바란다. 따라서 그는 나를 만족시킬 조언을 해주고 나를 속이지 않으려고 애쓸 것이다. 그래야 내가 다음 주에도 그 앞을 지나갈 테니까.

문제는 디지털 카메라처럼 비싼 제품을 구매할 때다. 그런 제품은 아무도 매주 사지는 않을 테니, 구매자를 속이고 싶은 유혹이 그만큼 더 커진다. 특히 그가 그 고객을 다시는 만날 일이 없을 거라고 추측한다면 말이다. 그런 유혹을 조금이라도 덜 수 있는 방법은 기껏해야 후속 계약, 예를 들어 수리를 하거나 부품을 사러 오겠다는 약속을 하는 정도일 것이다. 불만이 있는 고객이라면 그 판매자에게 수리를 맡기지 않을 테니, 판매자 또한 속이고 싶은 유혹을 조금은 가라앉힐 것이다.

잠재적인 거래관계가 장기적으로 설계될수록, 어느 정도는 합리적으로 조언을 받을 수 있는 가능성이 그만큼 커진다. 그리고 장기적인 거래관계에는 또 다른 장점도 있다. 이따금 우리 빵장수는 나에게 서비스로 사과도넛을 선물한다.

2장

경제학자는 투자에서
결코 손해 보지 않을까?

'할인'에 기뻐하고 '추가요금'에 분노하는 사람이 많지만
경제학적인 해답은 누구도 행운이나 불운을 당하지 않았다는 것이다.
어떤 경우건 결국 우리의 지갑에서 나가는 돈에는
실제로 별 차이가 없기 때문이다.

악마의 경제학, 피라미드 시스템

"돈은 인간의 삶과 노동을 소외시키는 정수이며,
돈을 숭배하면 할수록 결국 돈이 인간을 지배하게 된다."

– 카를 마르크스 –

나는 시트콤이 좋다. 그것은 진행이 빠르고 즉흥적인 개그를 토대로 하는 TV 코미디로, 배경에 종종 웃음소리가 깔린다. 그런 시리즈 중 하나에서 다음과 같은 장면을 보았던 기억이 난다.

식구 중 한 명이 박제한 사슴머리를 사서 집으로 끌고 오자, 주인공이 가장 지독한 멍청이에 관한 이론을 들려준다. 아무짝에도 쓸모없는 물건이, 그럼에도 불구하고 팔릴 수 있는데, 그것은 바로 그 쓸데없는 물건을 마지막에 산 사람보다 더 멍청한 누군가가 있기 때문이라는 것이다. 따라서 쓸데없는 사슴머리를 샀다고 해서 곧바로 그의 쇼핑중독과 실수에 화를 낼 것이 아니라, 재빠르게 그 사슴머리를 산 사람보다 훨씬 더 제정신이 아닌 누군가를 찾아야 한다는 것이다.

이런 과정은 가장 지독한 멍청이, 즉 맨 마지막에 물건을 샀지만 그것을 사겠다는 사람을 더 이상 찾을 수 없는 사람을 찾을 때까지 계속된다. 약간 우스운 이론이지만, 그 안에 아주 경제적인 핵심이 담겨 있다. 또한 이른바 '피라미드 시스템'과도 관련이 있다.

지독한 멍청이 이론을 토대로 한 속임수

피라미드 시스템이란 사기꾼이 사람들에게 쉽게 돈을 빼앗는 하나의 속임수로, 이 '가장 지독한 멍청이 이론'을 토대로 하고 있다. 나 역시 한 번은 그런 시스템과 맞닥뜨린 적이 있다. 부모님이 공중화장실 광고를 하려고 할 때였다.

아는 부부가 우리 부모님을 어떤 모임에 데리고 갔다. 돈벌이에 관한 모임이었다고 한다. "호기심에서 따라가봤다"고 부모님은 나중에 말씀하셨다. 그곳에서 강연을 한 사업가들의 아이디어는 공중화장실의 내부 광고가 성장 가능성이 높은 시장이니, 지금까지 이용하지 않던 그 광고 공간을 마케팅하자는 것이었다.

그들의 시스템은 다음과 같이 돌아간다고 했다. 이 시스템에 새로 편승하려는 사람은 누구나 우선 공중화장실 문에 광고 10개를 직접 판매해야만 한다. 그러면 시스템의 계급에서 한 단계 올라가고, 이제 그 광고를 팔고 싶어 하는 새로운 회원을 자신이 직접 유치할 수 있다. 새로운 회원들 역시 10개의 광고를 판매하면 계급이 상승해 새로운 회원을 유치할 수 있다. 그리고 계급이 높은 회원은 새로운 회원들의 판매 매상에서 일정 지분을 가져간다. 그런 식이다. 기본적으로 '행운의 편지' 시스템과 다를 게 없다.

피라미드의 꼭대기에 있는 발기인은 밑에서 광고를 판매하는 다른 모든 회원의 판매 매상에서 지분을 받는다(문제는 바로 여기에 있다). 피라미드에서 높은 계급에 있을수록 밑에 있는 다른 사람들에게서 보다 많은 지분을 받게 된다. 그리고 인생에서 종종 그렇듯, 개는 맨 마지막 사람만 문다. 그는 누구에게도 지분을 받지 못한다.

피라미드의 밑바닥에 가장 지독한 멍청이가 있다

우리 부모님은 아직도 백만장자가 되지 못했다. 이 사실에서 당신은 뭔가 문제가 있었음을 추론해낼 수 있을 것이다. (우리집 어떤 문에는 몇 년 동안 그 모임에서 받은 부모님의 명함이 붙어 있었다. 어떤 문인지 맞혀보시라.) 그것이 왜 문제인지는 체스판 위의 쌀 이야기로 알아볼 수 있다.

고대 어느 왕이 체스 발명가에게 한 가지 소원을 들어주겠다고 약속하자, 그는 체스판 칸마다 쌀알의 수가 두 배로 증가하도록 해서 그만큼을 상으로 받고 싶다고 했다. 즉, 체스판의 첫 번째 칸에는 쌀알 1개를 놓고, 두 번째 칸에는 2개, 세 번째 칸에는 4개…… 이런 식으로 말이다. 왕은 그의 소박함에 기뻐했다. 그러나 곧 그의 소원은 절대로 소박한 것이 아님을 알게 되었다. 세 번째 칸은 쌀알 4개, 11번째 칸은 1,024개, 그리고 30번째 칸은 거의 5억 3,700만 개였기 때문이다.

이 이야기를 공중화장실 문의 예로 옮겨보자. 무슨 일이 일어날지 당장 알 수 있을 것이다. 먼저 발기인이 광고 10개를 판매한다. 그 밑에 있는 1단계 회원 2명은 각자 10개씩, 합쳐서 20개의 광고를 판매해야만 한다. 이 1단계 2명이 다시 각자 2명씩 새로운 회원을 유치한다면, 2단계 4명은 바로 40개의 광고를 판매해야만 하며, 그 다음 3단계에서는 벌써 80개의 광고가 된다.

우리는 이 피라미드에서 이제 겨우 15명의 회원을 언급했는데, 그들은 벌써 150개의 광고를 팔아야 한다. 그리고 다음 번 단계에서는 다시 16명이 온다. 즉, 160개의 광고가 추가된다. 피라미드 안에서 우리는 벌써 31명을 만났지만, 단계는 겨우 4단계에 불과하다. 그런데 설사병이 새로운 유행병으로 돈다 하더라도, 판매할 수 있는 공중화장실 문과 모집할 수 있는 회원의 수에는 한계가 있다. (화장실 사업가의 계책은 사실 딴 데 있다. 그는 새로 가입한 회원들이 계급을 올리고 거기서 나오는 지분으로 먹고살기 위해서 자기 자신에게 광고를 판매하기를 노리고 있는 것이다.) 그리고 화장실 광고를 판매하고 싶은 사람을 더 이상 충분히 찾지 못하는 순간, 지분 시스템은 붕괴한다. 그러면 마지막에 가입한 사람들, 즉 판매만 하고 지분은 뜯기지만 자기 자신은 지분을 받지 못하는 사람들 (누구를 가리키는지 알 것이다)은 바로 앞의 시트콤 사례에서 마지막으로 사슴머리를 산 이들이다.

이 패턴은 모든 피라미드 게임에 기본적으로 적용된다. 참고로 독일 연방에서 피라미드는 불법이다. 게임을 통해 발생하는 수익으로 사람들을 꼬드기기 때문에, 항상 새로운 게임 참가자를 발견해야 하지만, 게임 참가자의 수는 제한되어 있고, 그 한계는 생각보다 훨씬 빨리 도래한다.

이런 수익 게임의 발기인들은 피라미드의 꼭대기에 서서 저 밑에서부터 올려보내는 모든 지분을 징수함으로써 자기 몫을 챙긴다. 반면 피라미드의 밑바닥에서 지분을 뜯기는 사람들은, 내가 좋아하는 시트콤의 이론에 따르자면, 마지막 사슴머리 구매자다. 자기 밑에 편입시킬 수 있는 새로운 게임 참가자를 더 이상 찾아낼 수 없는 사람들 말이다.

그런데 이런 시스템이 붕괴하는 것 역시 항상 바로 그 순간이다. 그 시스템에 돈을 공급해주는 게임 참가자를 더 이상 찾을 수 없다는 사실이 분명해지면, 시스템은 붕괴한다.

주식시장에서 생겨나는 피라미드 시스템

피라미드 게임의 또 다른 버전으로, 보다 높은 수익을 얻게 해주겠다고 약속하면서 돈을 거둬들여, 맨 처음 돈을 납입한 사람들에게 그들이 납입한 돈에서 '수익금'을 분배해주는 기법이 있다. 높은 '수익금'은 자동적으로 돈을 납입할 또 다른 사람들을 유인하고, 이번에도 또한 힘들이지 않고 그들이 납입한 돈으로 '수익금'을 분배하면서 또 다른 투자자를 유혹한다. 이런 허황된 사업에 돈을 댈 준비가 돼 있는 투자자를 계속해서 찾을 수만 있다면, 시스템은 계속 돌아간다. 그들이 납입한 돈에서 계속 부지런히 '수익금'을 분배하면 그만이다.

하지만 더 이상 새로운 투자자가 모집되지 않으면, 시트콤에서처럼 사슴머리를 살 사람을 더 이상 찾지 못하면, 그 시스템은 붕괴하고 말 것이다. 그러면 이제 '수익금'에 대한 투자자의 욕구를 만족시켜주기 위해 쓸 수 있는 돈은 더 이상 존재하지 않는다. 그리고 그런 순간이 닥치기 직전 피라미드의 발기인들은 줄행랑을 놓는다. 당연히 남아 있는 투자금을 몽땅 챙겨가지고 말이다.

그런데 이런 피라미드 시스템이 종종 뜻하지 않게, 그리고 발기인도 없이 생겨날 때가 있다. 예를 들자면 주식시장에서 종종 그런 경우가 있다. 2000~2002년 독일 주식시장의 결과를 생각해보면, 이 모든 것이 금방 분명해질 것이다. 당시 주가는 계속 상승세를 탔고, 계속해서 새로운 투자자를 끌어들여 주가를 한층 더 높이 밀어올렸다. 점점 더 많은 사람이 투자를 했고, 주가는 점점 더 빨리 상승했다.

1999년 말 이미 주식이 너무 비싸다고 말하는 사람들이 있었지만, 주가는 계속해서 올랐다. 그럴 수 있었던 건, 아무리 높은 가격이라도 주식을 살 용의가 있는 투자자들이 늘 다시 새롭게 나타났기 때문이었다. 어쨌든 주가가 오를 거라고 믿는 사람들은 계속해서 투자를 했다. 하지만 첫 번째 매도가 시작됐을 때, 이제는 그 가격에 주식을 살 새로운 투자자가 더 이상 존재하지 않는다는 사실이 갑자기 분명해졌다. 이제 주식은 사슴머리가 되었다. 마지막으로 사서 이른바 주식 구매자 사슬의 맨 마지막이 된 사람은 손실을 보고서야 간신히 주식을 매도할 수 있었다. 피라미드 게임에서처럼 여기서도 마지막 사람이 개에게 물린 것이다.

주식시장이 붕괴되었을 때, 언론에서는 늘 돈이 '폐기' 혹은 '소실'되었다고 말한다. 하지만 그렇지 않다. 단지 소유자가 바뀌었을 뿐, 물리적인 의미에서 돈이 파괴되거나 사라진 것은 아니다. 오래된 주식시장의 어록에 이런 말이 있다.

"당신의 돈이 없어진 게 아니다. 단지 누군가 다른 사람이 그 돈을 가져갔을 뿐이다."

당시 주식시장의 붕괴에 결정적인 원인이 된 것은, 주식이 아주 많이 비싸긴 하지만 그래도 지금 주식을 사들이는 게 현명한 일일 수 있다는 생각이었다. 주가가 상승할 거라고 믿는 누군가를 찾을 수 있는 한, 비싼 값에 주식을 사더라도 수익을 얻고 계속 넘길 수 있었던 것이다. 중요한 것은, 주식이 그 돈만큼의 가치가 있느냐가 아니라, 주식이 그만큼의 가치가 있다고 믿는 누군가를 찾을 수 있느냐는 것이었다. 아니면 주식에 그런 가치가 있다고 믿는 누군가를 찾을 수 있다고 믿는 사람을 찾을 수 있느냐는 것이었다.

따라서 이것이 피라미드 시스템과 같은 문제라는 사실을 간파했다고 해도, 계속 그 시스템 안에 머무르는 것이 현명한 선택일 수도 있다. 다만, 가능한 한 피라미드가 시작될 때 자리를 잡고, 여차하면 달아날 시점을 잘 포착해야 한다. 절대 마지막 사람이 되어서는 안 된다.

국가가 주도하는 피라미드 시스템, 국민연금보험

앞에서도 이미 밝혔듯이, 독일에서는 조직적인 피라미드 게임이 금지돼 있다. 물론 완전히 그런 건 아니어서, 독일에도 다음과 같이 기능하는 시스템이 존재한다.

두 번째 세대가 낸 회비에서 첫 번째 세대에게 월급을 지급한다. 그리고 두 번째 세대에게도 월급을 지급하겠다는 약속을 한다. 다만 그 돈은 그들 다음, 즉 세 번째 세대가 낸 회비에서 나온다. 이런 식으로 계속 진행된다. 그러다가 회비 납부자의 피라미드가 어느 순간 끝나면, 이 시스템 역시 끝나버린다. 그리고 마지막으로 회비를 낸 사람들은, 시트콤의 말을 빌리면, 이제 사슴머리와 함께 남겨진다.

여기에 치명적인 사실이 있다. 그들이 그 자리에 있는 것은 정말 지독하게 멍청하거나 단순해서가 아니라, 전적으로 국가가 그런 시스템에 참여하도록 만들었기 때문이라는 점이다. 여기서 내가 말하는 시스템이란 '국민연금보험'으로, 그 가장 큰 문제는 국민피라미드('피라미드'라는 말에 주목하시라)가 점차로 뒤죽박죽이 돼간다는 사실이다. 국가가 이전의 회비 납부자에게 약속한 연금을 감당해줄 새로운 회비 납부자의 수가 심각한 둔화세를 보이고 있는 것이다. 우리의 정치인들도 이따금 시트콤을 봐야만 하지 않을까.

그들은 왜 공짜 휴대폰을 나눠주는가

"세상에 공짜 점심이란 없다."
– 밀턴 프리드먼 –

휴대폰을 구입했다, 결국. 다른 사람들과 항상 연결될 수 있는 상태를 유지하는 것이 얼마나 중요한지를 역설하는 주변 사람들의 종용에도 몇 년을 꿋꿋이 버틴 끝에, 결국. 어느 순간 나는 포기해버렸다. 의견을 바꿨기 때문이 아니라, 그러지 않을 수가 없어서.

어쩌다가 일이 이렇게 되었을까? 만나는 사람마다 당연하다는 듯 휴대폰 번호를 물어왔고, 모든 사람들이 길거리를 걸을 때에도 전화 연결이 되는 걸 당연시한다. 그리고 휴대폰이 없다고 말할 때마다 깜짝 놀라 눈썹을 추켜올리는 반응을 보는 일 역시 점점 잦아졌다. 마주 앉은 대화 상대나 사업 상대에게 '진보를 증오하는 석기시대 무정부주의자'로 인식되지 않으려면, 그래서 관계를 제대로 유지하려면 내가 양보해야만 한다는 사실이 어느 날 문득 분명해졌다.

네트워크 외부효과와 공짜 휴대폰

나는 희생자가 되었다. 거대한 효과의 희생자, 경제학자들이 전화기를 예로 들어 즐겨 말하는, 이른바 '네트워크 외부효과'의 희생자 말이다. 전 세계에 전화기가 딱 한 대뿐이라고, 그 전화기를 당신이 가지고 있다고 가정해보자. 그렇다면 그 전화기로 당신이 얻을 수 있는 이익은 얼마나 될까? 아마 제로에 가까울 것이다. 그 전화기로 누구와 통화를 하겠는가 말이다. 하지만 두 번째 전화기가 추가된다면, 당신 전화기의 가치는 분명 상승한다. 드디어 당신이 누군가와 연결된 것이다.

그리고 다시 전화기가 한 대씩 추가될 때마다 당신 전화기의 이익은 증가한다. 하지만 새로운 전화기가 추가될 때마다 당신의 이익만 향상되는 것이 아니라, 다른 모든 전화기의 이익도 함께 증가한다. 모든 전화기 구매자는 전화를 구매함으로써 자동적으로 다른 모든 전화기 소유자의 이익을 높여준다. 그로 인해 전화로 연결될 수 있는 사람의 수가 증가했으니 말이다.

그리고 어느 순간, 그런 이른바 '네트워크 외부효과'가 아주 강력해진다. 보다 많은 사람이 전화기를 소유하면 할수록 그만큼 전화기의 이익은 커지며, 전화기를 갖지 않은 사람들에게도 전화기는 그만큼 큰 매력을 발산한다. 그런 효과는 전화기 소유자의 수가 전화기 비소유자의 수를 압도할 때 엄청나게 커진다. 그리고 그 후에는 나 같은 전화기 비소유자에게 같은 일이 벌어진다. 이제는 전화기를 소유하지 않은 사람들이 방어적인 입장 내지는 소수에 속하게 되는 것이다. 이때 실제로 전화기

소유자의 수는 극적으로 빨리 증가한다. 네트워크 외부효과가 조공을 요구하는 것이다.

이런 효과를 통신회사도 알고 있어서 곧바로 이용한다. 휴대폰이 널리 보급되면 지속적으로 더 많은 통화요금을 벌어들일 수 있다는 것을 그들은 알고 있다. 하지만 그러려면 먼저 사람들이 휴대폰을 소유해야만 한다. 그래서 처음에는 단말기를 공짜 또는 공짜나 다름없는 가격으로 제공하는 것이다.

이렇게 값싼 휴대폰이 유혹을 하면 사람들은 너나없이 휴대폰을 구입해 전화를 건다. 통신회사가 의도했던 바로 그대로다. 공짜 휴대폰은 빠르게 더 많은 사람이 이동통신을 이용하게 만든다. 그 다음에는 앞에서 설명한 네트워크 외부효과가 소용돌이를 일으킨다. 이제 시장이 정복되면, 즉 누구나 휴대폰을 갖게 되면, 값싼 단말기와는 작별을 고해야 한다. 그뿐 아니다. 이제 우리는 휴대폰에 대해서, 공짜나 다름없었던 단말기로 인해 아긴 것보다 훨씬 더 많은 돈을 치러야만 한다.

인간 네트워크, 변화를 일으키는 또 다른 힘

변화를 일으킬 수 있는 또 다른 네트워크가 있다. 비밀결사, 클럽, 협회 등의 인간 네트워크다. 그 원리는 다음과 같다. 공식·비공식 네트워크의 멤버들은 개인적인 문제 혹은 비즈니스에 있어서 서로 돕겠다는 약속을 하고, 그런 약속은 네트워크의 모든 멤버를 결속시킨다. 그리고 멤버가 많으면 많을수록, 네트워크와 접촉할 수 있는 가능성이 그만큼 확장되기 때문에 멤버들에게는 그만큼 더 유용해진다.

물론 여기에는 기술적인 네트워크와 다른 점이 한 가지 있다. 인간의 네트워크는 특정한 규모 이상 넘어가지 않아야 내적인 결속이 흐트러지지 않는다. 수천만 명의 공동체(흔히 '국가'라고도 부른다)는 그러니까 배타적인 100여 명으로 구성된 비밀단체와 같은 결속력을 지니지 못한다.

언젠가 당신의 휴대폰이 울리고, 당신이 소속된 어떤 협회의 멤버가 컴퓨터가 고장났다면서 도움을 청한다면, 그런 게 바로 일종의 인간 네트워크 효과의 힘인 것이다.

'괜찮은' 중고차를 절대 살 수 없는 이유

"계약이란 언제나 불완전할 수밖에 없다."
– 올리버 하트 –

"놓치지 마십시오, 다시없는 기회입니다."

오, 그래? 나는 새 차가 필요하지만 쥐꼬리만 한 내 월급으로는 쫙 빠진 빨간색 스포츠카를 살 여력이 없으니, 하릴없이 동네 중고차 매매상이나 둘러보고 있다. 몇몇 전문 강좌를 통해 중고차시장은 제 기능을 하지 못한다는 사실을 잘 알고 있으면서도 말이다.

정직한 중고차 판매자는 살아남을 수 없다

어쨌든 나는 지금 판매상이 내게 들이밀고 있는 자동차가 절대로 '다시없는 기회'가 아니라는 사실 또한 잘 알고 있다. 어떻게 아느냐고? 아주 간단하다. 순전히 논리적으로만 생각해봐도, 좋은 중고차를 제 가치보다 싼 값에 사기란 불가능하다는 것을 알 수 있다.

우선 잠재적인 고객으로서 내가 마케팅의 홍수에 어떻게 접근하는지를 생각해보자. 일단 나는 자동차에 대해서 아무것도 모른다. 어떤 자동차가 정말로 얼마나 좋은지, 계기판이 조작되었거나 결함이 숨겨져 있는 건 아닌지, 겉보기엔 멀쩡해도 비만 한 번 맞으면 고물차가 돼버리는 건 아닌지…… 도무지 판단할 수가 없다. 그건 판매자만 아는 일이고, 그는 또한 내가 그런 것들을 모른다는 사실을 알고 있다. 따라서 나의 무지를 악용해 그의 자동차를 터무니없는 가격으로 떠넘기고 싶은 유혹이 들 수도 있다.

하지만 나도 알고 있는 게 있다. 판매자가 자동차 값을 제 가치보다 더 많이 요구할 것이라는 점을 나는 분명히 알고 있다. 따라서 나는 그가 부르는 대로 값을 지불할 생각이 전혀 없고, 그러니 좀 깎아달라고 요구할 것이다.

전반적인 상황이 이렇다 보니, 정말로 진실하고 정직한 사람이 자기 차를 중고차로 팔려고 하더라도, 그래서 정말로 좋은 자동차를 정당한 가격(그런 게 있다면)에 제공할 생각이더라도, 알맞은 고객을 유치할 수 없게 된다. 어쨌든 고객은 자기가 진짜 좋은 중고차 판매자를 만났는지 알 수 없으니 말이다. 그들은 자동차의 품질에 관한 불안감 때문에, 그게 정말 좋은 자동차인지 확신하지 못하기 때문에, 좋은 중고차라면 정말로 받을 만한 액수를 선뜻 내놓지 못한다.

그렇다면 진실한 판매자는 어떻게 할까? 자신이 정말로 정직하게 책정한 가격을 받지 못한다면, 그는 절대로 차를 내놓지 않을 것이다. 자, 이거 야단났다. 아무리 정직한 판매자라도 잠재 고객의 눈에는 잠재 사기꾼, 믿을 수 없는 장사꾼으로 보이기 때문에, 자동차를 제 가격에 팔수 없고, 그래서 결국 시장에서 완전히 철수한다. 그렇게 정직한 사람들이 포기한 결과, 남은 것은 정직하지 못한 중고차 판매자들뿐이다.

이제 당신도 왜 내가 좋은 중고차를 싸게 사기란 불가능하다고 믿는지, 그 이유를 이해했을 것이다. 공급자가 탁월한 정보력을 지니고 있다는 사실은 '레몬카'(미국에서 결함이 있는 고물 중고차를 가리키는 말, 오렌지와 비슷하지만 신맛이 강해 먹지 못하는 레몬에 비유한 것이다 – 옮긴이)만 시장에 제공되는 결과를 낳는다. 물론 정직한 판매자가 없어서가 아니라, 그들은 자신들이 원하는 가격을 받을 수 없어서 시장을 떠나버렸기 때문이다.

그럼에도 좋은 중고차를 적절한 가격에 사는 방법

그런데…… 나는 방금 중고차를 샀다! 경제학자들은 자기가 예견한 대로 행동하지 않는다는 전형적인 사례인가? 아니, 절대로 그렇지 않다. 첫째로 나의 얇은 지갑이 나를 압박했고, 둘째로 나는 '레몬카' 딜레마에서 벗어날 수 있는 방법을 찾았다. 앞서 나의 진단이 맞는다면, 모든 고객이 시장에는 레몬카만 나와 있다는 걸 알기 때문에 세상에 중고차시장이란 더 이상 존재하지 않을 것이고, 그래서 아무도 중고차를 사지 않을 것이다. 따라서 뭔가 해결책이 있어야만 하는데, 나는 한 가지 가능한 해결책을 발견했다. 바로 '단골' 판매자에게 가는 것이다.

이쯤에서 당신은 이렇게 물을지도 모른다. 그러면 우리 모두 한 중고차 판매자를 선택해 몇 년씩 알고 지내면서 신뢰를 형성해야만 하느냐고. 아니다, 전혀 그럴 필요 없다. 내 해결책은 좀 다른 개념으로, 판매자가 나를 속이고 싶은 유혹에서 멀어지도록 해야 하는데, 그 한 가지 방법이 오랜 거래관계를 트는 것이라는 이야기다. 앞으로 중고차를 살 때는 항상 그를 통하겠다는 의사를 분명히 해놓으면, 나와 공정한 거래를 해야겠다는 생각이 급격히 강해진다. 게다가 그 판매자가 정비소도 하나 가지고 있다면, 앞으로 모든 수리도 그에게 맡기겠다고 이야기한다. 그런데도 그가 나를 속이고 내가 그 사실을 눈치챈다면, 그는 장기적인 고객을 한 명 잃어버림으로써, 중고차를 한 대 비싸게 팔아 챙긴 돈보다 훨씬 많은 것을 잃게 될 것이다.

지역에 자리 잡은 판매자를 찾아가는 것도 좋은 방법이다. 한 지역에서 지속적으로 장사를 하려면 고객들을 속여넘겨서는 안 된다. 공정한 거래 상대라는 평판은 그가 내일도 사업을 할 수 있다는 보증서다. 게다가 그로서는 일이 잘못되면 고객들이 보다 쉽고 빠르게 자신을 질책할 수 있다는 사실을 염두에 둬야 한다. 개인이나 뜨내기 판매자는 차를 팔고 떠나면 그뿐이지만.

또 다른 방법도 있다. 중고차 판매자에게 1년 동안 보증을 해줄 각오가 돼 있는지 물어보는 것이다. '레몬카' 판매자라면 물론 그런 보증을 해줄 수 없을 테지만, 정직한 판매자는 자신 있게 약속을 해줄 것이다.

그런 판매자를 만난다면, 그 자동차를 잡아라. 그러고 나서 보증을 포기해도 좋다. 중요한 것은 단지 그 판매자가 당신에게 그런 보증을 해줄 준비가 돼 있다는 사실이다.

보험회사가 난폭 운전자와 신중한 운전자를 구별하는 방법

중고차를 사려고 한다면 이처럼 좋은 판매자와 나쁜 판매자를 구별할 수 있는 방법을 찾아야만 하는데, 가장 좋은 것은 판매자 자신이 스스로를 드러내도록 압박하는 것이다. 자동차의 경우 그게 항상 쉬운 일은 아니지만, 삶의 다른 영역에서는 한결 간단하다. 자동차를 구매했다면, 이제 보험에 가입해야 한다. 그런데 경제학자로서 나는 보험 역시 사실은 제 기능을 발휘하지 못하고 있다는 걸 알고 있다. 빌어먹을! 여기서는 또 뭐가 문제란 말인가?

자, 보험회사의 입장에서 생각해보자. 보험회사는 나에게 보험료를 받는 대신, 사고가 발생했을 때 재정적으로 나를 대신해주는 서비스를 제공한다. 따라서 내 운전이 거칠수록 보험회사로서는 나에게 드는 비용이 늘어날 것이다. 이때 보험회사는 내가 중고차를 살 때 가졌던 문제를 똑같이 안게 된다. 보험회사는 보험을 들려는 운전자 가운데 누가 난폭 운전자인지, 누가 신중한 운전자인지를 알지 못하는 것이다.

그렇다면 그들은 어떻게 할까? 자신들에게 평균적으로 부과되는 비용을 기준으로 보험료를 산정하는데, 그러면 난폭 운전자에게는 너무 싸고, 신중한 운전자에게는 비싸다. 그래서 전자는 기꺼이 보험에 가입하고, 후자는 보험 들기를 꺼리게 된다. 그 결과, 난폭 운전자만 보험에 가입하고, 그러면 사고가 더 많이 발생하기 때문에 보험회사는 보험료를 더 높게 책정해야 한다. 이는 다른 한편으로 난폭 운전자들 가운데 가장 신중한 운전자들이 보험에 거리를 두게 되는 결과를 초래한다. 이들에게조차 보험료가 너무 비싸게 여겨지기 때문이다. 결국 아무도 보험에 가입하지 않게 된다. 그 원인은 물론 보험회사가 고객 가운데 누가 난폭 운전자인지를 알지 못하기 때문이다. 그걸 안다면 보험료를 책정할 때 난폭 운전자와 신중한 운전자 사이에 차등을 둘 수 있을 텐데 말이다.

기본적으로 여기서도 중고차시장과 똑같은 일이 일어난다. 다만 그 징후가 다를 따름이다. 여기 어떤 보험회사가 있는데, 고객 가운데서 이른바 '레몬카(난폭 운전자)'를 선별하는 방법을 알지 못한다. 사실 모든 보험이 이런 딜레마를 안고 있다. 예를 들어, 상해보험에 대해서 한번 생각해보라. 보험회사가 '리스크' 스포츠맨과 '소파' 스포츠맨을 구별할 수 없다면, 평균적으로 산정한 보험료가 익스트림 산악자전거를 타는 사람에게는 싸게, 체스 팬들에게는 너무 비싸게 여겨질 것이다. 그 결과, 그런 보험은 아예 판매되지도 않을 것이다.

보험회사가 선택할 수 있는 해결책은 자기부담금을 부과하는 것이다. 자기부담금은 피보험자가 자기 차를 도랑에 처박을지를 다시 한 번 생각하게 해준다. 보험료를 산정할 때 사고 여부를 고려하는 것도 한 가지 방법이다. 사고가 일어날 때마다 보험료가 인상되도록 하는 것이다.

고객은 자기부담금 정도를 스스로 선택함으로써 자동적으로 자기 자신을 어느 정도 드러낸다. 자기부담금을 많이 책정하는 사람은 스스로에 대해 사고 리스크가 작다고 여기므로, 보험회사는 그에게 유리한 요금을 부과해도 된다. 반면 자기부담금을 조금 책정하는 사람은 음주 문제나 자살 성향이 있을 수 있으므로, 보험료를 불리하게 부과해야 할 것이다. 이처럼 자기부담금에 대한 요구는 대략 중고차 매매에 있어서 보증 요구에 해당된다고 할 수 있다.

노동시장에서 생산성 있는 직원을 알아보는 방법

이런 선택의 문제는 노동시장에서도 찾아볼 수 있다. 어떤 기업 컨설턴트가 내게 이런 말을 한 적이 있다.

"우리는 대학을 졸업한 사람이면 누구나 채용한다. 무슨 공부를 했든 상관없다."

이것이 단지 고용 시점에는 판단할 수 없는 그 예비직원들의 생산성에 관한 문제라면, 그의 말은 특별히 잘못된 게 아니다. 문제는 같다. 제품의 구매자(고용주)는 제품의 품질(생산성)을 정확히 평가할 수 없고, 제품의 제공자(피고용인)만이 알고 있다. 중고차 판매자만이 레몬카인지 아닌지 알고 있는 것처럼.

따라서 여기서도 좋고 나쁨을 가리기 위한 방법이 필요하다. 노동시장에서 '레몬'을 골라낼 수 있는 한 가지 방법은 학업에 대해 물어보는 것이다. 사실 학위를 따기 위해 공부하는 것은 미래의 고용주에게 자신이 더 생산성이 높다는 신호를 보내기 위한 것이기도 하다. 그 이면에는 다음과 같은 생각이 있다. '생산적이지 못한 사람은 생산적인 사람보다 학위를 따는 데 더 많은 비용이 든다.' 생산적이지 못한 사람은 차라리 학위를 포기한다. 그로서는 너무 힘든 일이고, 비용 대비 미래의 소득을 생각해봐도 그다지 타당한 일이 아니기 때문이다. 그에 비해 생산적인 사람에게 학위는 그다지 어렵지 않게 느껴지고, 학위를 땀으로써 예비고용주에게 자신이 해당 업무를 충분히 품위 있게 진행할 수 있다는 사실을 보여줄 수 있다고 생각한다. 그 학위로 자신이 '레몬'이 아니라는 걸 증명하는 것이다. 부디 새로 산 내 중고차도 그러하기를!

'할인'이라는 이름의 사기극

"돈이란 바닷물과도 같다. 그것은 마시면 마실수록 목이 말라진다."
— 쇼펜하우어 —

 ─────────── "나는 말야, 원칙적으로 흥정을 하지."

한 친구가 자랑스럽게 말하면서 새로 '획득한' 물건을 보여주었다. 저혼자서도 잘 달리게 생긴 우아하고 품위 있는 산악자전거였다. 어쨌든, 그 상인은 무려 50유로나 할인해주었다고 한다. 내 친구는 아주 싸게 샀다며 어깨를 으쓱해 보였다.

'빌어먹을!' 50유로라는 말에 나는 문득 생각했다. '50유로면 나에게도 요긴한 돈이었는데……'

나는 방금 캐나다에서 돌아왔는데, 그곳 공항에서 마지막 남은 달러를 아주 교묘하게 빼앗겼다. 그 나라를 떠날 때 막대한 공항이용료를 납부해야 했던 것이다. 나는 주머니에 남아 있던 동전까지 모두 긁어모아 간신히 그 돈을 냈다.

내 친구는 왜 나보다 그렇게 운이 좋단 말인가? 저녁에 좀 쉰 다음 여행을 정리하고, 소파에 앉아 잠시 몸을 뒤로 눕혔을 때, 나는 해답을 찾았다. 우리 둘 중 누구도 행운이나 불운을 당하지 않았다. 많은 경우, 할인이든 추가요금이든 내 지갑에서 나가는 돈에는 실제로 별 차이가 없는 것이다.

'할인'과 '저렴하다'는 같은 뜻이 아니다

"또 경제학자가 납셨군!"

내가 찾은 해답에 대해 말해주려고 했더니 친구가 손사래를 치며 마다했다. 나는 겨우 친구를 설득해 내 말에 귀를 기울이도록 했다.

내 친구의 자전거가 500유로라고 가정해보자. 상인이 할인해준 돈을 제하면 친구가 지불한 돈은 450유로다.

이번에는 다음과 같은 사례도 생각해보자. 상인은 자전거를 쇼윈도에 세워놓았는데, 가격표에는 500유로짜리를 할인해서 400유로에 판매한다고 적혀 있다. 물론 상인은 타이어를 약간 손봐야 한다고 말해준다. 공장에서 조립돼 나온 타이어지만, 그 자전거에는 어울리지 않는다는 것이다(다른 건 다 좋은 제품이라고 그는 장담한다). 그러면서 덧붙이기를, 50유로면 새로운 타이어로 바꿔줄 수 있다면서, "이렇게 비싼 자전거치고는 정말 특별한 가격"이라고 너스레를 떤다.

이건 공정한 판매다. 그렇지 않은가? 내 친구에게도 역시 마찬가지다.

자전거는 도합 450유로이고, 그건 처음부터 그 타이어로 조립했을 때 가격이 500유로인 자전거와 똑같은 것이다.

이제 내 공항이용료에 대해서 생각해보자. 간단히 말해 이용료가 10달러라고 한다면, 내 비행은 10달러가 더 비싸졌다. 그렇게 하지 않고 여행사가 전체 비용에 미리 10달러를 더해 캐나다 관청에 직접 그 이용료를 낼 수도 있었다. 그랬다고 해도 내가 지불한 총액은 똑같았을 것이다. 어쩌면 여행사에게 가격을 깎아달라고 요청했을 수도 있다. 여행사가 동의할 수도 있겠지만, 그러나 잊지 마시라. 여행사가 그렇게 하는 건 고객이 깎아달라고 요청할 것을 사전에 미리 감안했을 때뿐이라는 것을.

여기서 내가 무엇을 말하려고 하는지 알 것이다. 추가요금이든 할인이든, 공급자가 사전에 두 가지 변형을 미리 가격에 고려해두었다면 기본적으로는 마찬가지다. 추가요금은 어떤 제품을 구매할 때 그 제품이 더 싼 것처럼 느끼게 해준다. 그리고 고객들은 대부분 그 제품을 구매한 뒤에는 별다른 불평 없이 추가요금을 지불한다. 한편 할인은 고객에게 뭔가를 절약했다는 기쁨을 준다.

우리의 자전거 상인은 거래가 성사됐을 때에야 비로소 타이어를 소개했을 것이다.

"좋은 자전거를 정말 싸게 사셨으니, 남은 돈으로 자전거의 사양을 좀 높이시면 어떨까요?"

'영리한' 내 친구는 새 자전거를 좋은 가격에 샀다는 데 우쭐해서 흔쾌히 그러겠다고 했겠지. 하지만 그럼으로써 자신이 할인받은 돈을 다시 날린다는 사실은 깨닫지 못한다.

이와 유사한 사례는 우리의 일상에 수없이 많다. 신발가게에서 당신이 할인된 가격에 새로운 구두를 딱 결정했을 때, 주인은 바로 그때를 놓치지 않고 구두약이나 다른 제품 세트를 비싸게 팔려 들 것이다.

사용료의 진실, 어떤 경우든 무료가 아니다

때때로 우리는 자신이 추가요금에 묶여 있다는 사실을 깨닫지조차 못한다. 수영장을 예로 들어보자. 내가 정기적으로 다니는 수영장에서는 머리를 드라이어로 말릴 때 10센트를 별도로 지불한다. 대머리거나 헤어자유주의자가 아닌 한, 그리고 바깥 날씨가 40도를 넘나들지 않는 한, 당신은 이를 북북 갈면서 10센트를 지불하지 않을 도리가 없을 것이다. 그럼으로써 수영이라는 취미활동의 비용은 더 비싸진다. 이 경우 운영자는 수영장 요금을 10센트 올리고, 대신 드라이어 사용료를 없애는 결정을 내릴 수도 있을 것이다. 사람들이 수영을 한 뒤 드라이어를 이용하는 한 그들의 돈을 갈취하는 데는 전혀 차이가 없을 테니 말이다.

이와 비슷한 사용료가 쇼핑봉투에도 숨어 있다. A마트에서는 쇼핑봉투에 별도의 돈을 요구하지만, B마트는 그렇지 않다. 하지만 분명히 알아두시라. 당신은 어떤 경우든 쇼핑봉투에 돈을 지불하고 있다는 사실을. A마트에서는 직접 돈을 지불한다면, B마트에서는 간접적으로 지불하게 될 것이다. B마트가 돈을 받지 않고 쇼핑봉투를 제공한다면, 이미 제품의 가격에 그 봉툿값을 추가로 붙여두었을 테니 말이다. 그러니까 만약 당신이 B마트에서 장을 보았는데 장바구니를 가져와서 쇼핑봉투를 받지 않았다면, 구입한 상품의 가격을 통해 다른 사람들의 봉툿값을 함께 지불하게 되는 셈이다. 따라서 당신이 장바구니 애호가라면, 쇼핑봉투에 별도의 돈을 요구하는 A마트로 가는 게 유리할 것이다.

무료 드라이어, 무료 쇼핑봉투…… '무료'라는 말이 붙어 있지만, 실제로는 구매자가 어떤 식으로든 지불하게 되어 있다. 단골 터키음식점에서 무료로 주는 차 역시 내 케밥 가격에 다 포함되어 있다. 그래서 나는 그 차를 집으로 가져온다.

그런 허울뿐인 할인에 화가 나는 건, 그런 할인을 받지 않았을 때조차 어떤 상황에서든 그 돈을 지불해야만 하기 때문이다. B마트(쇼핑봉투가 무료인 곳)의 쇼핑봉투나 수영장의 무료 드라이어를 떠올려보자. 내가 장바구니를 들고 가 쇼핑을 하고 집에 올 때, 당신이 수영장에서 입장료에 비용이 포함된 드라이어를 사용하지 않고 나왔을 때, 우리는 다른 사람들이 봉투를 소비하고 드라이어를 사용하는 비용을 함께 지불하게 된다.

우리는 TV 시청료를 이미 충분히 내고 있다

일상생활 속에서 대부분의 사람들이 인식하지 못하지만, 우리는 생각보다 훨씬 많은 할인이나 무료 서비스의 비용을 부지불식간에 지불하고 있다. TV를 예로 들어보자. TV는 공짜라고 생각하는 사람이 정말 많지만, 사실은 그렇지 않다. 종종 돈을 내지 않을지는 모르지만, 그렇다고 공짜인 경우는 정말 드물다.

먼저 민영 방송사를 보자. 정말 멋지지 않은가. 하루종일 호화로운(?) TV 프로그램을 보면서 당신은 그 비용을 거의 지불하지 않는다고 생각한다. 그러나 당신은 실제로 지불하고 있다. 그것도 두 가지 방식으로. 우선, TV 방송국은 광고를 통해서 재정을 조달하기 때문에, 당신은 귀찮은 광고를 보면서 시간을 소비하는 형태로 TV 시청에 대한 대가를 지불하고 있다. 당신이 감내하는 그 많은 광고가 무료로 TV를 즐기는 값인 셈이다.

그런데 이게 다가 아니다. 방송국은 그러니까 자기네 프로그램 전후에 광고되는 제품의 판매자로부터 돈을 받는데, 그 판매자들은 어디서 그 돈을 받을까? 아주 간단하다. 그들 제품의 소비자들로부터다. TV에서 당신이 사용하는 치약 광고를 보게 된다면, 당신은 TV 시청의 대가를 그 치약의 구매로 지불한 것이다. 다른 말로 하면, 당신은 치약에 약간 많은 돈을 지불했고, 그 약간의 돈이 치약 판매자에 의해 TV 광고에 투입됐으며, 바로 그 돈으로 방송사는 당신에게 무료로 좋은(?) 프로그램을 보여주는 것이다. 그러니 결과적으로 당신은 TV 시청에 어쨌든 돈을 지불한 셈이다.

이쯤에서 당신은 이의를 제기할지도 모른다. 당신은 그 치약을 전혀 사용하지 않는다고 말이다. 그렇다면 나는 이렇게 묻고 싶다. 당신은 광고하지 않는 제품만 구매하는가? 만약 그렇다면, 이런 극단적인 경우, 당신의 TV 시청은 짜증나는 광고에 이르기까지 모두 무료이며, 광고하는 제품을 구매하는 다른 모든 사람이 그들의 구매 결정을 통해서 당신의

TV 시청 비용을 지불하는 것이다.

그런데 여기 함정이 있다. 대부분의 제품은 가격에 광고 마케팅을 위한 비용이 포함돼 있어서, 당신이 TV를 전혀 보지 않고 어떤 잡지도 읽지 않는다고 해도, 항상 그 비용을 지불하게 돼 있다는 점이다. 다만 당신이 제품 구매를 통해서 대주고 있는 광고의 비용이 당신이 개인적으로 소비하는 미디어에도 흘러들어가고 있는지는(그러니까 그 매체에도 광고가 실리고 있는지는) 알 수 없을 따름이다.

예를 들어, 당신은 TV를 보지 않고 A잡지를 즐겨 읽는데, 지금 사용하고 있는 B치약은 TV에서 광고를 하고, A잡지는 B치약이 아니라 C제약회사의 광고로 재정을 조달하고 있을지도 모른다. 물론 광고는 항상 타깃 그룹을 겨냥하기 때문에 잠재적인 구매자가 많이 보는 매체를 추구한다. 따라서 미디어 소비와 제품 소비는 우리가 얼핏 추측하는 것보다 훨씬 강하게 연결되어 있다고 할 수 있다.

공영 방송국까지 고려하면 사정은 훨씬 심각하다. 방송 수신기를 가진 사람은 누구나 공영 방송의 프로그램을 재정적으로 지원해줄 시청료를 지불한다. 따라서 당신이 민영 방송만 시청하고 있다면, 공영 방송은 절대로 보지 않는다면, 당신은 낯선 사람들의 TV 시청 비용을 함께 지불해주고 있는 것이다.

그리고 그 공영 방송국의 프로그램 구성이 시청자 각자의 취향과 소망에 들어맞지 않으면 않을수록, 시청자들은 자신이 사용하지 않는 서비스에 대해 더 많은 비용을 지불하게 된다. 공영 방송의 프로그램을 아주 마음에 들어 하는 사람들의 행복을 위해서. 이런 사람들은 공영 방송을 마음에 들어 하지 않는 사람들이 시청료 지불을 거부하면, 자신들의 TV 시청을 위해서 분명 더 많은 돈을 지불해야만 할 것이다.

불이 싫으면 부엌에 들어가지 마라

"투자해서 본 손실은 참을 수 있어도
참여하지 못해 본 손실은 참을 수 없다."
– 앙드레 코스톨라니 –

 "그 사기꾼들!"

내가 어떤 직업에 종사하고 있는지를 옆사람에게 설명하고 있는데, 그의 입에서 갑자기 이런 말이 튀어나왔다.

나는 기차를 타고 있었고, 기차를 타면 종종 그러듯, 옆사람과 대화를 나누게 되었다. 내가 어느 신문의 주식 코너를 맡고 있다고 하자, 그는 자신이 주식을 얼마나 잘 알고 있는지 설명하면서 이렇게 말했다.

"몇 년 전에 딘스트메첸하우세에 집중적으로 투자해서 처음에는 돈도 꽤 많이 벌었습니다. 하지만 얼마 후 주가가 추락하기 시작했고, 나의 수익은 전부 일요일 저녁 TV를 보며 먹어치운 초콜릿처럼 사라져버렸소"

그는 부자로 만들어주겠다고 계속 약속하면서 주식과 펀드, 채권과 기타 수익성 상품을 판매한 은행과 증권회사에 속아넘어갔다고 거듭 말했다. (마구 날뛰던 언론의 약속에도 속아넘어갔다는 말은 나에 대한 배려로 참은 것 같다.) 그리고 마지막으로 분통을 터뜨리며 말했다.

"그때 잃은 돈은 상상을 초월합니다. 차라리 예금이 나을 뻔했소."

높은 수익 가능성을 사면 높은 리스크도 딸려온다

나는 이렇게(지극히 정당하게) 분통을 터뜨리는 사람들에 대해 너무나도 잘 알고 있었다. 또한 그렇게 흥분한 상대방을 앞에 두고 좀 더 차분하게 논쟁을 벌여봤자 별 소용이 없다는 것도 잘 알고 있었다. 그래서 지금 금요일 저녁이 되어서야 좋아하는 소파에 앉아 다시 한 번 그 사람의 말을 곰곰이 생각해보았다. 그리고 첫 번째 초콜릿을 먹은 뒤 나는 그의 의견이 부당하다는 결론에 도달했다. 내 생각에는 그가 예금통장을 선택했더라도 더 나을 게 없었을 것이다.

그는 예금을 했다면 원금에 3퍼센트의 이자까지 모았을 텐데, 펀드에 투자하는 바람에 50퍼센트 이상 손실을 보았다고 말했다. 그런데 나는 어떻게 지금 소파에 앉아 초콜릿을 먹으면서, 그가 오히려 펀드로 돈을 더 벌었을 거라는 뻔뻔한 주장을 하고 있는 걸까?

우선 그에게 물어보자. 그가 투자를 한 시점까지 그는 분명 펀드로 재미를 보지 않았던가? 안 그랬다면 펀드가 아닌 예금으로 결정했을 테니 말이다. 그때까지만 해도 예금을 하는 것보다는 펀드를 구매하는 것이 분명히 효용성이 더 높았다. 그가 당시 예금보다 펀드를 선호한 것은 전적으로 그가 예금보다는 펀드에 더 큰 기대를 걸었기 때문일 것이다. 물론 그 기대는 무참히 무너졌다. 그리고 바로 그런 기대가 "예금이 더 나았을 것"이라는 그의 말이 정당하지 않다고 내가 주장하는 핵심적인 이유다.

그가 당시 펀드로 결정했을 때, 그가 구매한 것이 정확히 무엇이었는지 한번 생각해보자. 그는 자신이 높은 수익 가능성을 샀다고 믿었지만, 그것은 절반의 진실일 뿐이다. 그는 수익 가능성과 더불어 손실 리스크도 사들인 것이다. 명확한 사실이지만, 그를 포함해서 대부분의 사람들은 이를 등한시한다.

"높은 수익이 약속되는 곳에는 또한 높은 리스크도 존재한다."

그 근거는 명백하다. 리스크 없이 높은 수익만 약속된다면 누구나 당장 열광하면서 덤벼들 것이다. 그렇지 않은가?

한 복권 판매자가 당신에게 1유로만 내면 100만 유로의 수익을 낼 수 있는 복권을 권하고 있다고 가정해보자. 어떻게 하겠는가? 당연히 당신은 당첨될 확률이 얼마나 되느냐고 물어볼 것이다. 판매자가 "100만 명 꽝에 1명 당첨"이라고 대답한다면, 처음에 당첨 금액만 듣고 혹했던 당신도 그 복권에 대해서 다시 생각할 것이다. 그런데 만약 "1명 꽝에 1명 당첨"이라면, 당신은 그 복권을 적어도 두 장은 사지 않겠는가.

당신뿐만 아니라 누구라도 그렇게 할 테지만, 두 번째 복권(1명 꽝에 1명 당첨)은 더 이상 판매되지 않을 것이다. 수지타산이 결코 맞지 않을 테니까. 그렇다면 이 복권을 조금 보완해보면 어떨까? 당첨 복권과 나란히 손실 복권을 붙이는 것이다. 즉, 당첨되면 100만 유로를 받지만, 꽝이 나오면 복권 판매자에게 100만 유로를 지불하는 것이다. 이런 조건의 복권을 당신은 구입하겠는가? 참고로, 그런 복권의 평균 예상 수익은 제로다. 50퍼센트의 확률로 당신은 100만 유로를 얻을 수도 잃을 수도 있다.

실제로 1999년과 2000년 호황기에 많은 사람이 바로 이런 조건의 복권을 구입한 셈이다. 그들은 비싼 주식을 사면서 그것이 좀 더 비싸질 거라고 기대했다. 그러나 지속적인 수익 가능성의 맞은편에는 항상 리스크가 함께 서 있다. 주식증서의 이면에는 해당 기업이 파산을 해서 그것이 휴짓조각이 될 수도 있다는 리스크가 존재하는 것이다(그 뒤 정말로 그런 일이 많이 일어났다). 따라서 주식을 구매하는 것은 위에서 언급한 당첨-손실 복권과 완전히 똑같다고 할 수 있다. 주식의 수익 가능성(100만 유로 당첨)은 완전 손실의 리스크(꽝이 나와서 복권 판매자에게 100만 유로 지불) 맞은편에 서 있는 것이다. 하지만 이런 은밀한 약속을 사람들은 너무 기꺼이 묻어버렸다. 내 옆자리 승객 역시 마찬가지였다.

손실을 감당할 수 없다면 주식에 손을 대지 마라

그가 예금을 선택했더라도 더 재미를 보지는 못했을 것이라는 나의 주장은 어디서 나온 것일까? 지금까지 알고 있는 것만으로도 우리는 그런 주장을 좀 더 잘 평가할 수 있다. 구매 시점에 우리의 펀드 구매자들은 두 가지 상품을 가지고 있었다. 예금과 펀드.

예금은 대략 다음과 같은 복권이다. 100유로를 1년 맡기면 그 이자로 100개의 복권을 주는데, 100개당 3유로 1개 당첨이 보장된 복권이다. 당첨 금액과 확률을 복권 판매자가 보증하지만, 그 이상의 수익을 얻기는 불가능하다. 그래도 원금이 손실될 위험은 없다. 1년 후 100유로를 돌려받기 때문에, 당신은 단지 일시적으로 돈의 사용을 포기하기만 하면 된다. 게다가 복권 값은 불과 몇 센트일 뿐이다(예금통장의 수수료). 안전해서 좋지만, 그렇게 신나는 일은 아니다.

당신이 계속 복권 가게를 둘러보는데, 다른 판매자가 다가와 아주 색다른 제안을 한다.

"당첨금이 아주 많은 복권도 있어요. 저 100유로짜리 복권에 당첨되면, 300유로를 받을 수 있답니다."

이 복권에는 물론 한 가지 결정적인 함정이 있다. 100유로를 맡기는 '예금 복권'과는 달리, 100유로로 복권을 사야 한다는 것이다. 다시 말해, 복권 판매자가 원금인 100유로를 보장해주지 않는다는 이야기다. 복권이 당첨되지 않으면, 최악의 경우 무일푼이 될 수도 있는 것이다.

자, 이 두 개의 복권 가운데 당신은 어느 쪽을 택하겠는가? 선택은 물론 여러 가지에 따라 달라질 수 있다. 예를 들어, 현재 가지고 있는 100유로를 최악의 경우 포기할 수도 있는지, 두 번째 복권이 얼마나 공정하다고 생각하는지, 당신이 얼마나 용감한지, 그리고 일반적으로 삶에 대해서, 특히 복권에 대해서 어떤 기대를 하고 있는지 등에 따라 선택은 달라질 것이다. 어쩌면 복권 판매자들은 자신이 판매하는 복권을 번쩍거리는 예쁜 팸플릿에 끼워 팔거나, 근사한 모델들을 판매대 앞에 세워 당신을 유혹할 수도 있다. 하지만 절대로 그런 것에 현혹되지 마시라.

내 기차 옆자리 승객은 어쨌든 두 번째 복권으로 결정했다(펀드를 구매했다). 그런데 '꽝'이 나오자 첫 번째 복권을 선택할걸 그랬다고 푸념하고 있는 것이다. 그렇다고 그가 두 번째 복권 판매자를 비난할 수 있을까? 절대 그래서는 안 된다. 그는 이 복권(펀드)을 사면서 기회와 리스크의 혼합물을 구입한 것이다. 결과적으로 리스크가 실현되어 손실을 보았다고, 이제 와서 복권 판매자를 비난하는 건 부당하다. 그가 첫 번째 복권을 샀더라면, 그는 두 번째 복권의 수익을 얻을 '기회'를 결코 갖지 못했을 것이다. 어쨌든 그가 펀드를 구매함으로써 그런 수익에 도달할 '기회'가 그에게 왔고, 그 기회에 대해서 그는 돈을 지불했다.

기본적으로 그는 두 가지를 다 원했다. 첫 번째 복권의 안정성과 두 번째 복권의 수익 가능성. 하지만 높은 안정성과 높은 수익 가능성을 두루 갖춘 복권은 세상 어디를 뒤져봐도 결코 찾지 못할 것이다. 어떤 복권 판매자도 그런 복권은 제공할 수 없다.

여기서 중요한 것은, 구매 시점에 나의 옆자리 승객은 펀드를 더 선호했다는 점이다. 펀드의 수익 가능성이 리스크보다 훨씬 더 커 보였던 것이다. 펀드는 수익성에 대한 그의 기대치를 극대화시켰다. 하지만 유감스럽게도 그의 기대는 무너졌다. 그리고 예금이 더 나은 대안이었음이 드러났다. 하지만 예금으로는 절대 높은 수익을 기대할 수 없었을 것이다. 따라서 그는 자신의 펀드 투자로 인한 손실을 안고 살아가면서 "괜찮아, 어쨌든 내게는 가능성이 있었어"라고 말해야만 한다. 그런 손실은 감당해야만 하는 것이다. 아니면 펀드에 아예 손을 대지 말든지.

경제의 장기적인 힘을 믿어라

하지만 나의 옆자리 승객에게는 희망이 있다. 바로 경제의 장기적인 힘을 믿는 것이다.

이렇게 한번 생각해보자. 두 번째 복권을 사면 잃기만 한다는 소문이 파다한데, 그래도 두 번째 복권이 지속적으로 발행될까? 그럴 가능성은 아마 희박할 것이다. 이 위험한 복권은 고객들에게 또한 상당한 가능성을 제공할 때, 높은 리스크에 상응할 만큼 높은 수익으로 보답을 해줄 수 있을 때에만 지속적으로 작동할 수 있다.

주식도 마찬가지다. 주식은 항상 예금보다 훨씬 높은 리스크를 내포하고 있다. 따라서 보다 높은 수익률을 약속할 뿐만 아니라, 평균적으로도 그런 수익률을 유지해야만 한다. 주식이 장기적으로 그런 약속을 이행할 수 없다는 소문이 퍼진다면, 아무도 더 이상 주식을 사지 않을 것이다. 그러니 장기적으로 내 옆자리 승객의 펀드는 다시 오를 것이다. 그에게는 약간의 인내심이 더 필요한 것이다.

그런데 이런 위로는 사실 '평균적으로' 유효하다. 모든 주식이 영원히 약속을 지킨다고는 말할 수 없다. 아니, 단지 평균적으로만 주식은 영원히 보다 높은 성과를 내야 한다고 말할 수 있다. 내 옆자리 승객의 주식이 하필 그런 약속을 이행할 수 없었는지는 또 다른 문제다. 이것이 바로 소액투자자들에게 펀드를 사라고 추천하는 이유다. 하나의 펀드에는 여러 개의 주식이 편입돼 있어서, 적어도 평균 주가만큼은 상승하리라는 기대를 할 수 있기 때문이다(하지만 예를 들어 특정 분야 혹은 지역의 펀드를 구매했다면 이 말이 들어맞지 않을 수도 있다).

따라서 경제의 힘을 믿는다면, 앞으로도 당신은 즐겁게 주식을 사들일 수 있을 것이다. 모든 주식이 자체적으로 리스크를 안고 있다는 사실을 분명히 알고 있다고 해도 말이다. 앵글로색슨족들은 어쩌면 이렇게 말할지도 모른다.

"불이 싫으면 부엌에 들어가지 마라."

패키지 구매의 손익계산서

"전쟁은 약탈 행위이며 장사는 곧 사기다."
— 벤저민 프랭클린 —

이 책을 작업하는 동안 끔찍한 일이 있었다. 어느 날 나의 노트북이 망가진 것이다. 그래서 친구인 위르겐을 움켜잡고, 새로운 컴퓨터를 사는 데 조언을 해달라고 사정했다.

그와 함께 전자상점과 PC매장들을 돌아다녔는데, 그 경험은 그야말로 참담한 것이었다. 무엇보다도 먼저 나는 새로운 언어를 습득해야만 했다. RAM, ROM, DVD, USB, Hz, LAN…… 이 모든 것과 그 밖의 테크닉 표현 사이에서 나는 축구장 한복판에 혼자 서 있는 프로 골퍼처럼 절망적인 기분을 느꼈다. 어느 순간 갑자기 나는 자제력을 잃고 판매원에게 무뚝뚝하게 말했다.

"내가 원하는 건 오직 하드디스크와 인터넷 어댑터가 있는 휴대용 타자기요. 나머지는 당신 머리에나 얹어놓으시오."

왜 쓰지도 않을 '가능성의 패키지'까지 사야 하지?

나의 부풀어오른 좌절감을 대신 감수해야 했던 그 불쌍한 판매원에게는 지금도 미안하게 생각하지만, 내 요구는 정당한 것이었다. 내가 필요한 것은 오직 문서작성 프로그램과 텍스트를 보낼 수 있는 인터넷 접속 기능뿐이었다. 하지만 내가 제공받은 것은 디지털 필름에 음악을 넣고 편집하거나 인터넷을 통해 실시간으로 3차원게임을 할 수 있는 '기적'의 기계, 극도로 빠른 프로세서와 비디오카드를 지닌 컴퓨터, 게다가 도대체 어디에 좋은지 전혀 감이 없기 때문에 내 평생 결코 필요할 것 같지도 않은 프로그램 더미였다. 단순한 컴퓨터에 대한 나의 소박한 소망은 어디에서나 그런 건 있지도 않다는 암시로 묵살되었다. 경제학자로서 나는 다시 한 번 질문을 던진다. 도대체 왜 내가 원하는 단순한 컴퓨터는 세상에 없는 걸까?

이 질문에 대한 첫 번째 대답은 아주 단순하다. 고객으로서 나의 취향은 너무나 터무니없어서, 그런 걸 찾는 사람이 너무 적기 때문에, 아무도 그런 걸 생산하지 않는다는 것이다. 이 대답은 너무 단순하고 또 너무 단정적이니, 잠시 옆에 놓아두고 다른 가능성을 검토해보자.

그것은 우리가 실제로 컴퓨터의 기능을 얼마나 잘 활용하는가에 관한 것이다. 컴퓨터에 정통한 내 친구 위르겐은 내 컴퓨터의 프로세서가 얼마나 사용되고 있는지 모니터로 보여주었는데, 고작 5퍼센트였다. 아마 앞으로도 그럴 것이다. "대부분의 사람들이 비슷해!" 내 개인 PC 닥터가 덧붙였다. 대부분의 프로그램도 마찬가지일 거라고 나는 생각한다.

당신은 문서작성 프로그램의 1,000가지 기능 가운데 몇 가지나 제대로 알고 있으며, 또 실제로 사용하는가? 많은 컴퓨터 프로그램이 사용되기는커녕 존재하는지 알지도 못한 채 괜히 컴퓨터만 복잡하게 만들고 있다. 그런데 왜, 그럼에도 불구하고, 그렇게 복잡하게 만들어져 판매되는 걸까?

그 첫 번째 이유는 컴퓨터와 소프트웨어 제조업체가 기본 환경뿐만 아니라 '가능성의 패키지'도 판매하기 때문일 것이다. "나중에 더 큰 애플리케이션을 실행하려면 용량이 커야 합니다. 그때에는 업그레이드 비용이 비싸질 겁니다"라고 판매원이 말한다. 여기서 기가 막힌 건, 그 말은 내가 이전 모델을 살 때 이전 판매원이 벌써 한 말이라는 사실이다. 그런데 지금껏 나는 내 컴퓨터를 업그레이드해야겠다든지 혹은 내 컴퓨터의 광범위한 가능성을 기본적으로라도 활용해보고 싶다든지 하는 욕구를 전혀 느낀 적이 없다. 설령 판매원들의 그런 주장이 맞다고 해도, 내가 그런 가능성을 전혀 사고 싶지 않다면 어쩔 텐가? 왜 아무도 내게 추가 가능성에 대한 비싼 옵션 없는, 나에게 정말 필요한 기능만 담겨 있는 소박한 컴퓨터를 판매하려고 하지 않는가?

판매업자가 최고 사양의 컴퓨터를 권하는 진짜 이유

이런 설명은 어떨까?

"모든 요구를 충족시킬 수 있는 표준화된 컴퓨터를 판매하고 있습니다. 예를 들어, 영상처리 프로그램과 이를 위한 그래픽카드도 장착되어 있지만, 꼭 사용할 필요는 없습니다. 이렇게 컴퓨터를 표준화하면 비용을 절감할 수 있고, 대량생산도 가능해서 대당 가격이 떨어집니다."

한 가지를 보면 이런 설명이 맞다는 걸 알 수 있다. 대기업들이 컴퓨터 세트를 주문하면서 종종 DVD-드라이브와 CD-ROM이 없는 기기를 원할 때가 있다(데이터 보호와 안전을 위해서). 그런 경우 사양은 단순한데 가격은 더 비싸다! 이에 대해 컴퓨터 생산업체는, 컨베이어벨트 위에서 이미 다 조립된 컴퓨터에서 나중에 드라이브를 따로 빼내야 하기 때문이라고 설명한다. 그래서 비용이 추가된다는 것이다.

정말 뻔뻔한 속임수라고 나는 생각한다. 먼저, 드라이브가 벌써 조립됐다는 말이 사실일까? 단순히 그 기회를 포착해서 대기업이라면 능히 몇 유로쯤은 더 부담할 거라는 걸 알기에 가격을 올려버린 것은 아닐까? 설령 나중에 다시 빼냈다고 하더라도, 그 부품들의 가격이 분해 비용보다 더 비싸지 않을까? DVD-드라이브가 더 비쌀까, 아니면 그 빈자리를 막아줄 커버가 더 비쌀까?

이것으로 우리는 새로운 해답에 조금씩 접근하고 있다. 왜 PC 제조업체와 소프트웨어 판매자가 항상 우리에게 최고 사양의 컴퓨터를 권하는 걸까? 이유는 역시 우리의 돈이다. 기업가 입장에서 한번 생각해보자. 어떻게 하면 돈을 가장 많이 벌까? 가능하면 많은 제품을 판매해야 한다. 그런데 내가 문서작성 기능과 인터넷 접속 기능만 있는 소박한 컴퓨터를 사겠다고 하면, 컴퓨터 제조업체는 나에게서 많은 돈을 벌 수 없다.

컴퓨터 사업의 진전이 어찌나 빠른지, 1980년까지만 해도 어마어마

한 돈을 잡아먹던 컴퓨터의 기능을 오늘날에는 사소한 일상기기에서도 찾아볼 수 있다. 그만큼 가격이 확 떨어져서, 관련 테크닉이 내용적으로 진보하지 않았더라면 오늘날 PC 한 대의 가격은 아마도 채 200유로가 되지 않았을 것이다. 컴퓨터가 여전히 거의 1천 유로의 가격을 유지하는 것은 전적으로 그 안에 담겨진 기술이 그만큼 발달해서, 보다 많은 '가능성'을 제공해주기 때문이다. 그렇게 보다 나은 테크닉으로 인상된 가격을 정당화할 수 있었던 것이다.

향상된 테크닉은 물론 사용자에게도 새로운 가능성을 열어준다. 하지만 우리가 그 가능성을 원하지 않는다면? 우리가 왜 전혀 사용하고 싶지 않은 그런 가능성에 돈을 지불해야 하는가? 내가 추측하기에, 그것은 컴퓨터 판매가 이른바 '돔 비즈니스'이기 때문이다(내가 좋아하는 설명이다). 많은 컴퓨터 구매자들은 자신들이 필요로 하고 또한 포기할 수 없는 특정한 '기본' 기능 때문에 컴퓨터를 구매한다. 반면 컴퓨터 공급자들은 구매자들의 필요를 뛰어넘어, 자신들이 그다지 많은 돈을 벌 수 없는 기본 기능에 상당한 수익을 올려주는 값비싼 노리개를 함께 끼워 판매한다. 이런 걸 보고 '돔 비즈니스'라고 부른다. 어떤 재화를 판매하면서 두 번째 재화도 동시에 추가로 판매하는 것이다.

내가 원하는 모뎀 하나만 장착된 '타자기'로는 PC 제조업체가 돈을 많이 벌 수 없겠지만, 최첨단 테크닉 마술사를 포함하고 있는 멀티미디어 컴퓨터로는 돈을 많이 벌 수 있다. 가난한 이용자인 나는 컴퓨터의 기본 기능(문서작성과 이메일)을 포기할 수 없어서 그 모든 잡동사니를 같이 구입해야만 한다.

"없는 건 없습니다!"

최근에 자동차를 구입하면서 이와 비슷한 경험을 했다. 나는 절대로 에어컨을 갖고 싶지 않았지만, 사람들은 내게 에어컨이 장착된 자동차를 제공했다.

"없는 건 없습니다!"

판매자의 간결한 대답이었다. 여기서도 같은 패턴이다. 기본 기능(이동)을 포기할 수 없어 추가로 잡동사니를 떠안는 것이다.

기업으로서는 당연히 하나의 단계(예를 들어, 에어컨 조립)를 생략하려면 생산 과정을 아주 많이 바꿔야 한다고 주장한다. 하지만 이 강력한 주장이 들어맞지 않는 사례를 나는 적어도 한 가지는 들 수 있다. 바로 나의 CD 컬렉션이다.

당신한테는 어떨지 모르지만, 내 경우에는 대부분의 CD에서 내가 정말로 좋아하는 곡은 단지 두세 곡뿐으로, 나머지는 평균 이하다. 사실 나는 바로 그 두세 곡 때문에 CD를 산다. 이 또한 완벽한 '돔 비즈니스'의 사례다. 내가 좋아하는 두세 곡과 더불어 다른 잡동사니도 몽땅 떠안는다. 물론 보다 비싼 가격에. 싱글도 있지만 가격이 너무 비싸서 차라리 몇 센트 더 주고 정식 CD를 사는 게 낫다는 생각을 하게 된다. 그런데 싱글 역시 비싼 가격을 정당화하기 위해 이른바 '보너스 트랙', 즉 추가 작품을 함께 끼워넣는다. 사실 난 그런 건 원하지 않는데…… 여기서 우리는 다시 똑같은 풍경을 보게 된다.

이런 성찰은 또한 대형 음반회사가 왜 그렇게 음악판매 채널로서 인터넷을 두려워하는지에 대해서도 설명을 해준다. 불법 복제는 일단 차치하고라도, 고객이 인터넷을 통해서 개별 작품을 구입할 수 있게 됨으로써, 더 이상 고객에게 CD를 떠넘길 수 없다면? 음반회사들이 스타를 키우는 것은 CD를 판매할 목적이지, 개별 작품만을 판매하려는 것이 아니다. 한 작품만 판매하는 '예술가'는 상업적으로 재미가 없다.

어쨌든 괴로운 소비자에게 남는 것은 좌절과 왠지 속은 것 같다는 희미한 불쾌감이다. 어쩌면 낡은 타자기를 창고에서 꺼내와야 할지도 모르겠다. 그게 인터넷 연결만 됐어도…….

경제학 좀 아는 범죄자

> "아무리 하느님의 천국에서 발행한 채권이라 할지라도
> 신용이 없는 사람과는 거래하지 않는다."
>
> — J. P. 모건 —

지인이 재미있는 이야기를 들려주었다. 아늑한 프랑크푸르트의 한 호텔에서 있었던 일이라고 한다. 그는 자전거를 타고 약속 장소인 그 호텔로 갔다. 호텔 앞에 자전거를 세운 그는 문 앞에 서 있는 포터에게 자전거를 지켜달라고 부탁했다.

그가 호텔로 들어가 한 시간쯤 사람을 만나고 돌아왔을 때, 포터는 이런 말로 인사를 했다.

"손님이 오실 때까지, 이 자전거의 주인임을 자처하는 사람이 무려 세 명이나 왔었습니다. 그들은 모두 열쇠를 잃어버렸다면서, 우연의 일치인지 다들 쇠톱을 들고 왔더군요."

그렇다, 그게 바로 프랑크푸르트다.

범죄자는 '적은 수고'로 빨리 '부자가 되고' 싶어 한다

나는 시골에서 산다. 하지만 내 자전거를 도둑맞지 않으리라고 확신하는 이유가 꼭 그 때문만은 아니다. 내가 이렇게 이야기하면 당신은 직관적으로 자신 있게 말할 것이다.

"알았다! 아주 낡은 고물 자전거인가 보죠. 아무도 쳐다보지 않을 고물 말이에요."

맞는 말이다. 하지만 당신이 생각하는 진짜 고물 자전거를 프랑크푸르트에 한번 세워놓아보시라. 거기서라면 아마 두 시간도 살아남지 못할 것이다. 그에 반해서 내 자전거는 우리 동네 쇼핑센터에서 하룻밤을 온전히 살아남았다. (어쩌다 자전거를 그렇게 방치했느냐는 질문은 부디 넣어두시라.)

이 수수께끼를 한번 체계적으로 풀어보자. 우선, 사람이 범죄를 저지르도록 몰아가는 것은 무엇일까? 단순하게 말하자면, 사람들은 대부분 많이 수고하지 않고 부자가 되고 싶어 하기 때문이다. 이 두 가지 요소를 살펴본다면, 왜 내 자전거가 무사했는지 이해할 수 있을 것이다.

첫 번째 요소는 '부자가 되는' 것이다. 그렇다! 내 자전거를 가지고서는 누구도 더 부자가 될 수 없다. 그러기에는 가치가 너무 적다. 하지만 물건의 가치는 범죄의 한 면일 따름이다. 누가 무언가를 훔칠지 말지는 또한 그 대상을 훔치는 데 얼마나 많은 수고가 필요한가에 달려 있다. 이것이 우리가 살펴볼 두 번째 요소다. 어떤 대상을 불법적으로 자신의 것으로 만들기 쉬우면 쉬울수록, 그런 일은 그만큼 잘 일어난다. 반대로 그러기가 어려우면 어려울수록, 그만큼 그대로 놔둘 것이다. 수익, 그러니까 훔친 물건의 가치에 비해 비용이 더 비싸기 때문이다.

한번 생각해보시라. 당신이라면 왕관의 보석을 훔치겠는가? 그것은 분명히 매력적인 대상이지만, 성공적인 습격을 위한 비용이 너무나 비싸다. 그러느니 차라리 정직하게 일을 하는 편이 훨씬 더 빨리 부자가 되는 길일 것이다. 도난방지 시스템의 속셈이 바로 이것이다. 어떤 재산의 도난을 방지하는 비용이 많이 들면 들수록(말하자면 비쌀수록) 범죄자가 그것을 훔치는 데 드는 수고가 그만큼 많아지고, 또한 그만큼 매력이 줄어드는 것이다.

어떤 왕관의 보석이 2억 달러의 가치가 있는데, 어떤 '전문가'가 와서 당신에게 그 보석을 훔쳐다주겠다는 제안을 했다고 가정해보자. 물론 당신은 그에게 그 '서비스' 비용으로 2억 1천만 달러를 지불해야 한다. 어떤가? 괜찮은 비즈니스로 들리는가? 이렇게 도난방지 시스템의 계책은 전적으로 어떤 재산을 도난으로부터 완벽하게 지키는 것이 아니라, 훔치는 데 드는 비용이 발생 수익(그러니까 훔치려는 물건의 가치)을 초과하도록 안전조치를 취하는 데 있다. 때문에 내 낡은 자전거에는 수수한 자물쇠만 하나 달랑 채워놓아도 되는 것이다. 그런 고물 자전거 하나 훔치자고 트렁크에서 쇠톱을 꺼내드는 사람은 없을 테니까.

그리고 여기서 '수고'에 또 다른 요소가 추가된다. 바로 리스크다. 침입 혹은 절도의 리스크가 크면 클수록 그 '행사'의 총비용은 그만큼 비싸진다. 리스크는 비용 요소이기 때문이다. 한번 생각해보시라. 우리의 도둑이 "어디 보자, 199,999,990달러에 왕관 보석 서비스를 제공하지"

라고 한다면, 당신은 그걸 구매하겠는가? 순이익이 10달러다(당신이 그 보석을 2억 달러에 판매한다는 전제 아래). 어쨌든 '남는 장사'인 셈이다. 하지만 좀 더 생각해보면, 절대 그렇지 않다. 당신은 아직 그 보석으로 돈을 번 것은 아니며, 그 과정에서 체포돼 장물죄로 감옥에 갈 수도 있다는 리스크를 감수해야 한다. 달랑 10달러를 벌겠다고 그런 리스크를 받아들일 것인가? 절대 아니라고, 나는 생각한다.

요점을 말하자면, 범죄자가 되겠다는 생각 이면에는 적은 수고와 적은 리스크로 빨리 부자가 되고 싶다는 동기가 있다. 하지만 어떤 범죄행위에 드는 비용이 올라가면 올라갈수록 '적은 수고'라는 요소에는 그만큼 덜 들어맞게 된다. 그리고 나의 범죄행위로 부정적인 결과가 나올 리스크가 커지면 커질수록, 비용은 그만큼 올라가고 수익은 낮아진다. 그러면 '부자가 된다'는 요소에 그만큼 덜 들어맞게 된다.

범죄의 리스크는 체포 가능성과 처벌 정도에 따라 달라진다

리스크에 대해 좀 더 자세히 살펴보자. 리스크는 두 가지 요소를 가지고 있다. 체포될 가능성, 그리고 그와 결부된 처벌의 정도. 우선, 우리가 범죄자는 모두 체포되는 나라에 살고 있다고 가정해보자. 그렇다면 당신은 범죄를 저지르겠는가? 그 답은 또 다른 한 가지 요소, 즉 처벌의 정도에 따라서 달라질 것이다. 모든 범죄자가 당장 체포되는 나라에서의 처벌이 아주 약하다면, 그럼에도 불구하고 범죄는 계속 발생할 것이다. 일단 범죄자는 처벌에 따른 비용이 범죄를 통해서 얻을 수 있는 수익보다 얼마나 적은지 곰곰이 따져볼 것이다.

이번에는 또 다른 극단적인 세계를 가정해보자. 범죄자가 체포될 확률은 지극히 낮지만, 잡히기만 하면 준엄한 처벌로 (무슨 범죄를 저질렀든) 평생을 감옥에서 살아야 하는 나라라면? 그런 세계에서도 어쨌든 범죄는 계속 발생할 것이다. 웬만한 범죄자들은 자신은 절대 체포되지 않을 거라고 추측할 테니 말이다.

당신이 입법자라면, 범죄와 싸우는 데 있어서 다음과 같은 선택을 할 수 있다. 첫째, 처벌을 극적으로 강화해 범죄를 저지르는 데 드는 비용을 높이고, 그럼으로써 범죄의 인센티브를 떨어뜨린다. 둘째, 경찰 장비를 강화함으로써 범죄자 체포 확률을 끌어올려, 범죄의 비용을 상승시킨다.

내 자전거는 절대로 도둑맞지 않는다! 왜?

이제 우리는 왜 내 자전거가 도둑을 맞지 않았는지 명확하게 이야기할 수 있다. 잠재적인 소득(내 자전거의 가치)은 작고, 비용(쇠톱을 가져오는 수고와 체포될 리스크)은 상대적으로 크다. 총합으로 봤을 때, 범죄행위를 할 만큼 좋은 비즈니스는 아닌 것이다.

이쯤에서 당신은 내 말에서 모순을 포착했다고 생각할 것이다. 앞에서는 프랑크푸르트에서는 쓰레기 같은 고물도 도둑을 맞는다고 말하지 않았던가? 맞다. 어쩌면 우리 마을에서도 그럴 것이다. 하지만 그럼에도 불구하고 나의 쓰레기 같은 고물은 도둑을 맞지 않았다. 그것은 '리스크' 라는 단어가 사람마다 각자 다른 차원으로 이해되는 것과 관련이 있다.

프랑크푸르트에 있는 잠재적인 자전거 도둑에 대해 한번 생각해보자. 대도시를 방문해본 적이 있다면 누가 잠재적인 도둑인지 당신도 알아볼 수 있다. 사회사업가들의 말을 빌리면, 그들은 사회로부터 불리한 진단을 받은 사람들이다. '돈과 희망이 없는 사람들.' 돈이 거의 없는 사람들에게는 쓰레기 같은 고물 자전거로 벌 수 있는 돈이 아무리 적더라도 큰 돈이며, 희망이 거의 없는 사람들에게는 법의 심판을 받을 수도 있다는 사실이 전혀 리스크가 되지 않는다. 여기서 더 잃을 게 뭐란 말인가.

하지만 내 자전거의 경우, 상황이 다르다. 그것은 늘 내가 살고 있는 시골 소도시에나 서 있을 따름이다. 이곳에는 프랑크푸르트처럼 번화한 거리가 없다. 게다가 내가 가장 자주 자전거를 세워놓는 곳은 주로 연금 생활자나 유복한 사람들이 살고 있는 곳으로, 그들에게는 내 자전거가 전혀 가치가 없다. 뿐만 아니라 유복한 그들은 법과 갈등을 빚게 되면 잃을 것들을 아직 몇 가지 가지고 있다. 따라서 그들이 내 자전거 따위에 고향과 재산을 거는 일은 결코 없을 것이다.

내 자전거는 절대로 도둑을 맞지 않는다는 주장의 핵심은 따라서 내가 자전거를 절대로 프랑크푸르트로 가져가지 않을 것이라는 데 있다. 그곳에 가면 다른 모든 자전거와 똑같은 운명에 처할 테니까.

이쯤에서 한 가지 질문을 던져보자. 그런데 왜 예를 들어 남아메리카에서는 코카인이 경작되는 걸까? 그곳 주민들이 만성적으로 마약에 열광한다든지 유럽인들에게 해를 끼치려는 것이 아니라, 전적으로 마약 재배에서 대부분의 돈이 생기기 때문이다. 게다가 그곳은 오랫동안 가난이 지배하고 있다.

이제 당신이 왜 그곳 농부들은 돈을 벌기 위해서 다른 걸 재배하지 않느냐고 묻는다면, 우리는 브뤼셀(유럽연합 본부가 이곳에 있다)로 시선을 돌려야 한다. 그곳에는 예를 들어 남아메리카의 바나나에 관세를 부과하는 규정이 있는데, 그 때문에 남아메리카의 수출 기회가 줄어든다. 그렇게 해서 바나나를 판매할 수 없게 된 남아메리카 사람들은 관세를 물지 않아도 되는 다른 것을 재배하게 되는데, 대표적인 것이 마약이다. 그리고 이 마약이 다시 프랑크푸르트의 가난한 사람들로 하여금 값싼 자전거라도 훔치도록 몰아가는 것이다. 정치란 정말 기이한 것이다.

확률 제로인 퀴즈쇼에 도전하는 이유

"투자는 자산의 수익률을 예측하는 활동이며
투기는 시장의 심리상태를 예측하는 활동이다."

— 존 메이너드 케인스 —

"25,000유로를 걸고 나와 내기를 해봅시다!"

길거리에서 만난, 옷을 잘 차려입은 남자가 당신에게 이런 제안을 한다면? 당신이 할 일이라고는 그저 그가 사지선다형의 문제를 내면 답을 맞히는 것뿐이다. 답이 맞으면 25,000유로를 받는다. 하지만 틀리면? 당신이 25,000유로를 내야 한다.

내가 아는 대부분의 사람들은 그런 제안을 받으면 당장 화를 내면서 "싫소, 당연히 싫소"라고 분명하게 대답할 것이다. 그런데 나는 매일같이 바로 그런 게임에 참여하는 사람들을 본다. 심지어는 수백만 명의 관객이 지켜보는 가운데, 기꺼이 그런 게임을 할 준비가 돼 있는 사람들을 본다. 믿을 수 없다고? 그렇다면 TV를 켜보시라. 거의 매일같이 그런 퀴즈쇼가 벌어지고 있다.

그들은 왜 불리한 비즈니스에 기꺼이 뛰어드는 걸까?

"자, 이제 다음 문제에는 다시 한 번 25,000유로가 걸려 있습니다. 맞히면 50,000유로를 받게 되고, 틀리면 지금까지 딴 돈을 모두 잃습니다."

'바보상자'의 사회자가 출연자들을 유혹한다. 나는 설거지를 하면서 그들의 만용에 깜짝 놀란다. 그들 중 대다수는 "고맙습니다, 25,000유로면 충분합니다. 여기서 그만두겠습니다"라고 말하는 대신, 계속해서 퀴즈를 푼다. 백주대로에서 그런 터무니없는 제안을 받았다면 곧장 경찰을 불렀을 사람들이, 저 바보상자 안에서는 그 제안을 함께 실현하고 있는 것이다. 왜일까?

우선 몇 가지 사실을 한번 따져보자. 베팅액은 25,000유로이고, 상금 역시 25,000유로다. 그 문제에 대해 전혀 아는 바가 없다면 당신이 이길 확률은 25퍼센트, 즉 네 개의 정답 후보 가운데 아무거나 한 개를 찍었을 때 정답일 확률이다. 따라서 기댓값은 6,250유로, 즉 25,000유로에 25퍼센트를 곱한 액수다. 이것은 분명 당신의 베팅액인 25,000유로보다 적으며, 전체적으로 아주 불리한 비즈니스다.

이 비즈니스를 참가자들에게 약간 더 매력적으로 만들기 위해 종종 도우미가 제공된다. 누군가에게 전화를 걸거나 관객들에게 질문을 할 수 있도록 하는 식이다. 혹은 참가자에게 최소한의 상금을 약속함으로써 25,000유로를 몽땅 잃는 일은 없도록 하기도 한다. 하지만 그렇다고 해도, 이 퀴즈쇼가 확률이론적인 측면에서 봤을 때 우리의 참가자들에게 불리한 비즈니스라는 데는 변함이 없다.

'50:50조커'라는 도우미도 있어서, 틀린 답 두 개가 지워진다. 내가 25,000유로를 딸 확률은 50퍼센트, 25,000유로를 잃을 확률도 50퍼센트다. 따라서 이 내기의 기댓값은 정확히 제로가 된다(25,000유로 성공×50%-25,000유로 실패×50%). 당신이라면 이런 내기를 하겠는가?

(이 부분은 세계적으로 인기를 끌었던 〈백만장자쇼〉를 예로 든 것이다. 참가자들은 네 개의 정답 후보 가운데 한 개를 고르는데, 정답을 맞히면 상금이 올라가고 계속 문제를 풀 수 있다. 퀴즈쇼 중간에 원한다면 그동안 적립한 상금만 받고 더 이상 문제를 풀지 않아도 된다. '50:50조커' 찬스는 문제를 푸는 중간 단계에서 컴퓨터가 네 개의 정답 후보 가운데 틀린 답 두 개를 지워주고, 나머지 두 개 가운데 하나만 선택하도록 해주는 코너다. – 옮긴이)

내가 보기에 이 참가자들은 치명적인 심리학적 효과의 희생자가 될 것이다. 이런 주제를 전문적으로 연구한 지인이 언젠가 생생하게 설명을 해준 적이 있다. 심리학적 사례에 관한 한 강연에서 그는 다음과 같은 실험을 했다. 청중 가운데 한 사람에게 복권을 한 장 증정하면서, 강연회가 끝나기 전에 복권에 쓰인 숫자를 전부 다 암기해야 한다는 조건을 걸었다. 강연이 끝나고 나서 복권을 받은 사람에게 그 복권을 되팔 생각은 없느냐고 묻자 그는 거절했다. 하지만 복권의 가격을 두 배로 올리자 그는 되팔 마음을 먹었다. 자, 그동안 무슨 일이 일어난 걸까?

심리학자들의 추측에 따르면, 사람들은 자기가 가진 물건에 다른 물건보다 훨씬 큰 가치를 부여한다고 한다. 그 청중은 복권의 숫자를 기억함으로써 그 복권을 자기만의 복권으로 만들었고, 따라서 그 복권은 그에게 다른 어떤 복권보다 더 가치가 있었다. 그리고 바로 그와 똑같은 효과(단지 방향만 다르다)가 퀴즈쇼에 참가한 사람들로 하여금 백주대로에서는 절대로 갖고 다니지도 않을 금액을 기꺼이 내기에 걸도록 이끈 것이다.

경제적으로 봤을 때, 퀴즈쇼와 거리에서의 내기는 그 상황에 차이가 없다. 두 경우 모두 참가자는 이미 25,000유로를 가지고 있다. 퀴즈쇼에서는 이미 그 돈을 땄고, 거리에서는 아직 참가자의 가방에 있다. 그리고 두 경우 모두 참가자는 25,000유로를 잃거나 딸 수 있다. 그런데 퀴즈쇼의 경우, 참가자들이 퀴즈를 맞혀 적립해둔 25,000유로를 아직 자기 돈으로 인식하지 않기 때문에, 별 거리낌 없이 그 돈을 걸 수 있는 것이다. 만약 그 참가자가 그 25,000유로를 가지고 그 퀴즈쇼에서 나와 다른 퀴즈쇼로 간다면, 그는 아마도 그 돈을 걸지 않을 것이다. 이때에는 그 돈을 정신적으로 자기 재산으로 기록했기 때문에, 그걸 잃을 수도 있다는 건 완전히 다른 문제가 될 것이다.

객관적인 확률은 멀리 있고 개인적인 경험은 눈앞에 있다

지금까지 우리는 인간의 영혼이 어떻게 호모 이코노미쿠스를 조롱하는지에 관한 고전적인 사례를 보았는데, 그런 사례는 아직도 많이 있다. 우리가 정보를 처리하는 태도가 얼마나 나약한 영혼의 지배를 받고 있는지 알면 당신은 깜짝 놀랄 것이다.

여기서 사례를 하나 더 보자. 연구자들이 몇몇 사람을 대상으로 다음과 같은 실험을 했다. 먼저 그들 눈앞에서 다양한 숫자가 쓰여 있는 바퀴를 돌려, 숫자 한 개가 우연히 뽑히도록 했다. 그러고 나서 'UN에는 아프리카 국가가 몇 개나 가입되어 있나?'와 같은 질문을 던졌다. 실험 대상자들이 어떤 대답을 했을 것 같은가? 결과는 놀라웠다. 그들은 대부분 앞서 '행운의 바퀴'에서 나온 숫자에 눈에 띄게 근접한 답을 내놓았다. 그 숫자가 나온 건 우연에 불과하다는 걸 알고 있었는데도 말이다.

이런 사례는 우리 생활 주변에서도 종종 찾아볼 수 있다. 어떤 확률에 대한 평가는 우리가 그 확률을 평가해야만 하는 주변 환경에 극적인 영향을 받는다. 최근에 토네이도를 경험했다면 당신은 악천후 대비 보험에 가입하고 싶은 마음이 굴뚝같을 것이다. 당신이 갑자기 토네이도와 같은 사건이 발생할 확률을 아주 높게 평가하게 되었기 때문이다. 물론 그런 일이 일어날 통계적 확률은 전혀 변하지 않았는데도 말이다. 또 최근 주가 폭락을 경험한 주식투자자는 주식에서 손을 떼고 싶은 마음이 간절할 것이다. 주가 붕괴 이후에는 주식투자가 성공할 확률이 훨씬 높아지는데도 말이다.

더 심각한 문제가 있다. 정보가 제시되는 프레임이 우리의 판단에 영향을 미칠 뿐 아니라, 그 표현 방식 역시 우리의 판단을 왜곡시킨다는 점이다. "이런 수술 사례 가운데 95퍼센트가 성공적이었습니다"라고 말하는 것과 "모든 환자의 5퍼센트가 합병증을 일으켰습니다"라고 말하는 것은 리스크를 평가하는 데 있어서 몹시 다른 결과를 가져온다. 통계학적으로는 같은 상태를 표현하고 있는데도 말이다.

정보가 전달되는 순서까지도 결정적인 영향을 미칠 수 있다. "미국 내 일자리 수가 증가하고 있다. 하지만 동시에 미국 내 소비자의 신뢰는 감소하고 있다"라는 기사를 보자. 이 기사가 전체적으로 긍정적이라고 느껴지는가? 만약 이 기사가 "미국 내 소비자의 신뢰가 떨어지고 있다. 일자리 수는 증가하고 있음에도 불구하고"라고 쓰였다면 어떻게 느껴질 까? 훨씬 덜 우호적으로 느껴진다, 그렇지 않은가?

부정적인 정보를 더 많이 봐야 하는 이유

가장 큰 걸림돌은 아마도 우리 자신의 자아일 것이다. 당신이 어떤 자동차를 살지 결정하기 위해 자동차 잡지를 읽었다고 가정해보자. 당신은 그 잡지의 도움을 받아 자동차를 결정했고, 그 차를 구입했다. 그런데 그 뒤에도 당신은 계속해서 그 자동차 잡지를 읽는다. 왜?

실험에 따르면, 사람들은 예전에 내린 결정을 뒷받침해주는 정보만을 받아들이는 경향이 있다. 따라서 잡지를 읽을 때 예를 들면 다른 자동차에 관한 부정적인 보도는 받아들이지만, 당신이 막 구입한 모델에 대한 비평 혹은 보다 싼 판매 제안 등은 무시하거나, 그럼에도 불구하고 내가 산 것이 가장 훌륭하며 올바른 결정이었다고 스스로에게 강조한다.

특히 주식에 투자한 사람들이 그런 경향이 강하다. 그들은 일단 어떤 주식을 샀으면, 자신의 결정에 불리한 질문을 던지는 정보들의 출처를 체계적으로 배제하는 경향이 있다. 한 친구가 어느 날 이런 말을 했다.

"이 잡지는 더 이상 읽지 않아. T주식에 대해 너무 악평을 해대서 그 이후에는 들여다보지 않았어."

　나중에 알고 보니, 그 친구가 바로 그 주식을 샀던 것이다. 아마도 그는 바로 그 T주식에 대한 악평 때문에라도, 이 잡지를 계속 읽으면서 정보의 범위를 확장시켰어야 했다. 그 주식에 대한 좋은 정보는 이미 알고 있었고, 그래서 주식을 샀을 테니 말이다. 그 주식에 대한 나쁜 뉴스를 거부함으로써 그는 자신에게 중요한 정보 출처를 포기해버렸다.

　그 이유를 심리학자들은 자기 자신과 타협하고 싶은 인간의 욕구로 추측한다. 구매한 주식에 대한 부정적인 정보는 우리의 행복감을 저하시킨다. 이미 내린 결정에 대해서 곰곰이 생각해보라고 강요하는 것이다. "내가 잘못 결정했나?" 그런 심리적 압박에 자신을 내맡기고 싶지 않기 때문에, 나의 만족감을 방해할 수 있는 그런 정보를 간단하게 거부해버리는 것이다.

　유감스럽지만, 부정적인 뉴스는 무시한다고 간단히 사라지는 게 아니다. 하지만 사회자가 일단 "유감입니다, 정답은 B였습니다"라고 말할 때 그 돈은 사라져버린다. 그러니 당신의 영혼이 당신을 골탕먹이지 못하게 두 눈 똑바로 뜨고 지켜보시라.

일부다처제는 누구에게 유리할까?

"여성은 순결을 잃는 것을 투자한다(invest)고 생각해 파트너를 신중하게 고르지만,
남성은 단지 소비한다(consume)고 느낄 뿐이다."

– 앨런 콜린스 –

그것은 인류 절반의 오랜 꿈이다. 남자들은 가능한 한 많은 아내를 얻기를 바란다. 하지만 아무 때나 그 꿈을 이야기 하진 않는다. 술을 진탕 마시고, 아내들은 옆에 없고, 분위기가 최절정에 도달했을 때에야 예전의 이슬람교도들처럼 살았으면 좋겠다고 목청들을 높인다.

나 역시 인류의 절반인 남성이고, 우리의 머릿속에서 작용하고 있는 이 치명적인 메커니즘을 잘 알고 있다. 하지만 내 안의 경제학자는 일부다처제에 대한 상상을 조금만 냉철하게 관찰해보면, 특히 남성들에게 아주 바람직하지 못하다고 말한다. 그런 형태의 가족이 유지될 때 그 진정한 수혜자는 바로 여성들이기 때문이다. 남성 동지들로서는 큰 충격이겠지만, 원하지 않더라도 나의 주장을 납득하지 않을 수 없을 것이다.

일부다처제의 진정한 수혜자가 여성들인 이유

내 생각의 출발점은, 결혼시장 역시 결국은 다른 모든 것과 마찬가지로 하나의 시장이며, 그럼으로써 똑같은 법칙의 지배를 받는다는 것이다. 그리고 그 기본적인 법칙 가운데 하나는 "귀한 제품은 비싸다"는 것이다. 이 법칙이 결혼시장에도 들어맞는다면(나는 그렇다고 생각한다), 일부다처제는 우리 남성들을 곤경에 빠뜨릴 것이다.

우리가 갑자기 여러 명의 여성과 결혼하게 되면 상황이 어떻게 달라질지 한번 상상해보자. 우선, 같은 수의 남성과 여성이 만나는 결혼시장을 전제로 한다. 지금까지는 카드를 섞어서 파트너를 정하고, 그렇게 계속되는 탐색전 끝에 공식적인 (바라건대 행복한) 한 쌍이 만들어지고, 남는 사람은 한 명도 없었다. 그런데 이제 게임의 규칙이 바뀌어, 남성들이 모두 여러 명의 여성과 결혼할 수 있게 된다. 어떤 일이 일어날까?

몇몇 용감하고 잘생기고 유복한 남성들이 먼저 한 명 이상의 아내를 맞아들인다. (여기서 다시 한 가지 전제, 즉 한 남성을 공유할 용의가 있는 여성이 충분히 많다는 전제가 필요하다.) 이제 결혼의 회전목마가 새롭게 돌아가고, 행사의 마지막에는 어쩔 수 없이 몇몇 남성이 아내를 맞이하지 못한 채 남아야만 한다.

그렇다면 자신의 의지와는 무관하게 독신자가 될 절망적인 처지에 놓인 사람들은 어떻게 할까? 당신이라면 어떻게 하겠는가? 틀림없이 여성들에게 하늘의 별을 따다주겠다는 약속이라도 할 것이다. 이런 상황을 경제학자의 말로 옮겨보면, '여성의 가격이 올라간다'. (이런 무례한 표현을 용서해주길 바란다. 명확한 인식을 위해 정치적인 수정은 일단 배제하겠다). 가격이 올라가면 남성들은 사랑하는 아내를 쟁취하기 위해서 훨씬 더 많은 노력을 해야만 한다. 냉정한 경제학의 언어로 말하자면, '예쁘고 수적으로 부족한 재화인 여성을 얻기 위해서 더 많은 걸, 관심과 노력이라는 형태로 지불해야 한다'.

여기서 우리 남성들의 걱정이 시작된다. 예전에는 성인이 되어 머리만 잘 빗으면 충분히 연인을 만나러 갈 수 있었지만, 이제는 그 길에 도달하기 위해서 훨씬 더 많은 노력을 해야만 한다. 여성들의 요구는 높아질 것이다. 그녀들도 자신들이 이제 그런 요구를 할 수 있다는 사실을 알게 되었으니 말이다. 그녀들은 어쨌든 '수적으로 부족한 재화'인 것이다. 그 결과, 결혼의 조건이 남성들에게 불리한 쪽으로 이동한다. 전에는 작은 집 한 채와 잘생긴 외모만으로 충분했다면, 이제는 불평하지 않고 음식물 쓰레기를 내다버리겠다는(우리 남성들이 특히 두려워하는 일이다) 약속까지도 해야만 한다. 자, 이제 여성들이 일부다처제의 진정한 수혜자라는 내 주장이 이해되는가?

여성 부족 현상은 기존의 결혼관계에도 영향을 미친다

당신은 가슴을 쓸어내리고 어깨를 으쓱하며 이렇게 말할지도 모른다. "나는 이미 결혼을 했으니 결혼시장의 이 치명적인 사건과 아무런 관련이 없다"고 말이다. 정말 그럴까? 그건 당신의 그릇된 자신감일 뿐이다.

여성 부족 현상은 한 명(둘 혹은 셋)의 여성을 붙잡은 행운의 사나이들에게도 영향을 미친다. 한번 생각해보시라. 당신의 배우자도 시장이 자신에게 유리하게 변했다는 걸 알고 있다. 이런 상황에서, 당신이 쓰레기를 버리러 가지 않겠다고 고집을 피운다면 어떤 일이 일어날 것 같은가? 문만 열고 나가면 당장이라도 쓰레기를 내다버릴 용의가 있는, 결혼에 목맨 후보자가 열 명도 넘는다는 사실을 당신의 반쪽이 슬쩍 암시만 해도 당신은 쓰레기 봉투를 들고 일어서야 할 것이다.

이처럼 일부다처제로 인한 여성의 부족 현상은 이미 성립된 결혼관계에도 영향을 미친다. 그리고 그 여파가 크면 클수록 아내와 남편을 하나로 묶어주는 약속의 구속력은 그만큼 약해질 것이다. 그리고 남편에 대한 아내의 권력은 그만큼 강해질 것이다. 사회적으로 여성들에게 남편을 교환하는 일이 쉽게 느껴질수록, 남편들은 자신의 아내도 역시 그럴 수 있다는 점을 고려해야 한다. 그리고 아내가 늘 유쾌한 기분을 유지하도록 더더욱 애를 써야만 할 것이다. (일부다처제를 택했던 많은 문화권에서 왜 이혼에 관해 그토록 엄격한 규범을 적용했는지, 이제 알 수 있을 것이다. 여성들에게 남성 교환을 금지시킴으로써 남성들 사이에 그런 경쟁이 일어나지 못하도록 규제했던 것이다.)

이것이 바로 우리 남성들이 그렇게 간절히 바라던 일부다처제의 결과다. 우리는 한 명의 배우자라도 얻기 위해서 보다 많이 애써야 하며, 그 배우자와 결혼관계를 유지하기 위해서는 더더욱 애를 써야만 한다. 또한 '그녀들'이 다른 남성 때문에 우리를 떠날 수도 있다는 점을 늘 염두에 두어야만 한다. 아직도 일부다처제가 환상적으로 들리는가?

결혼시장에서 남성과 여성의 수요와 공급

이제 당신은 인간관계를 그렇게 수요와 공급의 법칙처럼 세속적인 범주 안에 끼워맞출 수는 없다고 항변할지도 모른다. 그런데 과연 인간관계가 수요와 공급의 구속에서 벗어날 수 있을까? 나는 그렇지 않다고 생각한다. 몇몇 친구들로부터 인터넷에서의 결혼중매 체험담을 들은 후 더더욱 확신하고 있다.

당신도 이미 이런 사이트에 대한 이야기를 들은 적이 있을지 모르겠다. 사람들이 그런 곳에 가서 등록을 하고, 사진을 올리고, 좋아하는 것과 취미와 이상형 등에 대한 몇 가지 질문에 답하고, 누군가 그런 광고에 응하기를 기다린다. 이렇게 내 친구들이 설명한 것을 모두 종합해보면, 그런 사이트에서 펼쳐지는 것은 다름 아닌 '시장'이다. 누구나 자신을 공급하고(사진, 취미 등을 네트워크에 올리고), 다른 누군가가 반응하기를 기다린다. 그렇게 공급된 내용이 매력적일수록 많은 수요(호응)를 기대할 수 있다.

이런 사이트에서 특히 눈에 띄는 것은 어린 연령대를 선호하는 남성이 많다는 것이다. 28세 이하의 여성들은 때때로 쇄도하는 이메일에 치일 정도다. 이것은 무엇을 뜻하는가? 아주 간단하다. 이 연령대에서는 여성의 공급보다 수요가 더 많기 때문에, 남성들이 더 애를 써야만 한다는 뜻이다.

하지만 30세가 넘어가면 상황은 달라진다. 이제 남성들에 대한 수요가 늘어난다. 아마도 이 연령대의 남성 대부분이 이미 결혼을 했기 때문일 것이다. 그러나 이 연령대의 결혼을 하지 않은 남성이 가정을 꾸리려면 여성보다 더 많은 시간을 투자해야 한다. 내 친구의 보고에 따르면, 특히 싱글맘이 아주 많기 때문이라는데, 그 이유는 적어도 시장경제학적인 관점에서 보면 명백하다. 싱글맘은 독신 여성들보다 배우자가 되기에는 잠재적인 어려움이 있는데, 그것은 그녀들의 성격 때문이 아니라, 그녀들의 삶이 일차적으로 다른 사람(그녀들의 자녀)을 지향하기 때문이다.

어떤가? 듣기에는 무정하고 냉정하겠지만, 나는 그런 중매에 대한 이야기를 들을 때면 그 안에서 수요와 공급의 경제적 비율을 보게 된다. 다만 이 점만은 인정한다. 이런 분석을 완전히 무시하고 몇 가지 환상만큼은 계속 간직하고 싶다는 것을.

게임의 원리를 아는 자가 승리한다

"경제학자들의 사상은 옳든 틀리든 일반인들의 상상과는 달리 훨씬 더 막강하다.
세상은 이들에 의해 지배된다. 그리고 어떤 지성으로부터도 자유롭다고 생각하는
일반인들은 보통 죽은 경제학자들의 노예에 불과하다."

– 존 메이너드 케인스 –

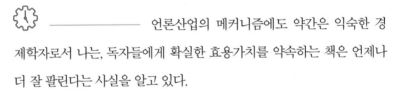 언론산업의 메커니즘에도 약간은 익숙한 경제학자로서 나는, 독자들에게 확실한 효용가치를 약속하는 책은 언제나 더 잘 팔린다는 사실을 알고 있다.

"이 책은 당신을 더 예쁘게, 더 부유하게, 더 성공적으로, 더 젊게, 더 건강하게 만들어줍니다!"

이 광고카피는 항상 잘 팔린다. 따라서 나도 다시 한 번 당신에게 이 책의 명백한 효용가치를 보여주기로 결심했다.

"자, 이제 이 책을 보십시오. 카지노 룰렛에서 백발백중 돈을 딸 수 있는 방법을 알려드리겠습니다!"

(그런데 만약 이게 당신에게 필요한 효용가치가 아니라면?)

카지노 룰렛에서 100퍼센트 돈을 따는 전략

시간 낭비하지 말자. 곧장 내 전략으로 들어가겠다. 특정한 액수, 그러니까 50유로에서 시작해 그 돈을 예컨대 '블랙'에 걸어라. 그런데 '레드'에 떨어졌다면? 당신은 돈을 잃었다. 이제 간단히 다음과 같이 해보시라. 다시 한 번 블랙에 걸어라. 하지만 이번에는 50유로가 아니라 100유로다. 이제 어떤 일이 일어날까? 정말 블랙에 떨어졌다면 당신은 200유로를 번다. 모두 150유로의 원금을 제하고 딱 50유로를 번 것이다. 지금 게임을 끝낸다면, 당신은 돈을 번 채 카지노를 나선다. 하지만 다시 레드에 떨어졌다면? 당신은 또 돈을 잃었다. 그러면 다시 돈을 무작정 두 배로 올려 블랙에 걸어라. 정말 블랙에 떨어지면, 당신은 400유로를 번다. 350유로(50+100+200)를 걸었으니, 50유로 이익이다. 하지만 또다시 레드에 떨어지면? 이번에도 두 배로 올려 400유로를 걸어라. 벌써 750유로를 건 것이다. 이제 블랙에 떨어지면 당신은 800유로를 번다. 원금을 제하고 딱 50유로를 번 것이다.

이 시스템은 분명하다. 잃으면 무작정 베팅액을 두 배로 올린다. 돈을 딸 때까지. 그렇게 함으로써 베팅했던 모든 돈과 추가 수익을 벌게 된다. (이런 전략에서 수익은 항상 처음에 건 돈과 일치함을 알 수 있다. 예를 들어 50유로로 시작해서, 계속 두 배로 올리면, 결국 50유로의 수익을 가지고 집으로 돌아가게 된다.)

이런 전략은 얼핏 보면 상당히 설득력이 있다. 하지만 당신은 이미 그 첫 번째 함정을 찾아냈을지도 모르겠다. 일이 잘못되면 한 번 따기도 전에 가진 돈을 다 써버릴 수 있다. 앞의 사례에서 당신이 1,000유로로 무장을 하고 카지노에 가서 이런 시스템을 시작했다고 가정해보자. 계속 블랙에 걸었는데 4회 연속 레드가 나왔다면, 당신의 재정은 벌써 바닥이 나버린다. 이미 750유로(50+100+200+400)를 써버렸으니 다음번에 걸 돈(800유로)이 턱없이 부족한 것이다.

순전히 통계학적으로 봤을 때도 이 전략은 그렇게 좋은 비즈니스가 못 된다. 특히 그 확률은 제로다. 당신도 알다시피 룰렛판은 36까지의 숫자 칸으로 나뉘어 있고 레드와 블랙이 각각 절반을 차지한다. 블랙이 나올 확률은 그러나 50퍼센트가 아니라 48.6퍼센트에 불과하다. 가능한 블랙 칸 18개의 맞은편에는 19개의 비블랙 칸이 있기 때문이다(레드 칸 18개와 제로). 37개의 칸 가운데 나는 18개에서만 이긴다. 절반보다 적은 48.6퍼센트다. 따라서 이기는 경우가 매번 48.6퍼센트, 지는 경우는 51.4퍼센트인 전략의 기대수익은 마이너스라는 게 비교적 바로 명확해진다.

끝장을 볼 때까지 확고함을 유지했을 때에만 이런 계산은 의미가 있다. 하지만 여기에는 또 다른 문제가 있다. 일반적으로 룰렛 테이블에는 돈을 거는 데 한도가 있다. 그 한도액이 예를 들어 500유로이고 당신이 50유로부터 시작했다면, 늦어도 네 번째에는 블랙이 나와야 이 전략이 들어맞는다. 다섯 번째에는 800유로를 걸어야 하는데, 한도액 때문에 허용되지 않는다.

당신도 봤겠지만, 이 전략이 룰렛의 행운으로 가는 무임승차권은 아니다. 진짜 그랬다면 이 책은 지금쯤 '나, 백만장자 되다'라는 제목을 달았을 것이다. 혹은 세상의 룰렛판이 모두 사라졌을지도 모른다. 이쯤에서 당신은 왠지 속았다는 느낌이 들지도 모르겠다. 하지만 이것으로 끝이 아니다. 이번에는 당신이 효용가치라는 측면에서 이 책에 속았다는 느낌이 들지 않도록 다른 두 가지 게임을 제안해보겠다. 파티에서 분명 몇몇 사람을 깜짝 놀라게 하거나, 심지어 약간의 돈도 벌 수 있는 게임이다. 자, 기대하시라!

1달러로 7달러를 버는 경매게임의 원리

첫 번째 게임은 파티에서 달러 경매를 진행한 경제학자 마틴 슈빅 Martin Shubik이 창안한 것으로, 그 규칙은 다음과 같다. 1달러를 경매에 부치는데, 최소 입찰 금액은 1센트다. 이 경매는 일반 경매와 같은 방식으로 진행되지만, 딱 한 가지 예외가 있다. 가장 높은 가격을 불러 그 달러를 가져간 사람만 돈을 지불하는 것이 아니라, 두 번째로 높은 가격을 부른 사람도 그가 제시한 액수를 경매인에게 지불해야만 하는 것이다. 가져가는 게 아무것도 없는데도 말이다.

이 경매를 한번 꼼꼼히 살펴보자. 슈빅은 파티에서 1달러를 7달러까지 팔아봤다고 한다. 달러를 낙찰받은 사람에게서 받은 돈과 두 번째로 높은 가격을 부른 입찰자에게 받은 돈을 합하면 평균 340센트였다. 비합리적으로 들리겠지만, 그 게임에 참가한 사람들의 관점에서 다시 한 번 면밀히 검토해보면, 상당히 논리적인 게임임을 알 수 있다. 이 게임의 가장 결정적인 포인트는 시작이다. 일단 손님 두 명을 경매에 끌어들일 수 있다면, 그 다음부터는 저절로 굴러간다. 그런데 경매 참가자들이 입찰에 앞서 조금만 생각을 해본다면 그들은 경매에서 손을 뗄 것이다.

이 게임에 있어서 생각해야 할 것은 다음과 같다. 일단 입찰을 시작했다면, 기본적으로 나는 돈을 잃을 수밖에 없다. 경매에서 두 번째로 높은 금액을 부른 사람도 돈을 지불해야 하기 때문이다. 당신이 1달러에 50센트를 제시했다고 가정해보자. 이후 경쟁자가 60센트를 부르고 당신은 포기한다. 그러면 당신은 50센트를 잃는다(바라던 달러도 받지 못하면서).

이 경매는 1달러를 1달러 이하에 낙찰받을 때 이익이 남는다. 이것이 두 번째 결정적인 포인트다. 내가 90센트를 불렀는데 경쟁자가 100센트, 즉 1달러에 입찰한다. 이제 나는 110센트에 입찰하는 것이 그나마 유리하다. 1달러에 대해 10센트를 더 지불하는 것이지만, 여기서 입찰을 멈춘다면 90센트를 모두 잃게 된다. 반면 1달러에 110센트를 제시해 낙찰받는다면 딱 10센트만 잃게 된다. 하지만 유감스럽게도 경매에 참가한 다른 사람들 또한 나와 똑같은 생각을 하기 때문에, 1달러에 120센트 이상 올라가기도 한다.

당신이 입찰에 참가했다면, 어떤 계산을 하게 될지 한번 생각해보시라. 경매에 참가한 다른 파티 손님들도 똑같은 계산을 한다는 걸 다시 한번 생각해야만 한다. 그리고 그 결과가 바로 1달러가 7달러에 판매된 것이다. 마틴 슈빅이 달러 경매를 진행한 그 파티의 불쌍한 손님들이 이런 생각을 미리 했더라면, 이 게임의 유일한 승자는 경매인이라는 사실을 간파했을 것이다. 그리고 바로 경매에서 발을 뺐을 것이다. 당신이 입찰을 하고 두 번째 손님이 함께 링에 오르는 그 순간, 당신은 이미 돈을 잃은 것이다. (또 다른 가능성을 나는 그 불쌍한 손님들에게서 본다. 그들은 서로 약정을 맺어야만 한다. 즉, 카르텔을 형성하는 것이다. 한 손님만 1달러에 10센트를 부른다. 그리고 수익은 협력한 손님들끼리 나눈다. 하지만 파티가 크면 클수록, 이런 카르텔이 유지될 확률은 높지 않다. 손님 중 누군가는 유혹을 이기지 못하고 경매에 뛰어들 테니 말이다.)

먼저 1로 시작한 사람이 100을 만들고 이긴다

이미 승자가 판가름 나 있는 게임은 많다. 앞의 달러 경매에서 본 것처럼, 그런 게임을 통찰할 수 있는 기술은 반대편에서 생각해보는 것이다. 여기 그런 식으로 생각해볼 수 있는 또 다른 사례가 있다.

이 게임은 두 사람이 한다. 여기서 중요한 것은 숫자 하나를 더하는 것이다. 두 사람이 각각 번갈아가면서 1부터 10 사이의 숫자 하나를 부른다(0은 안 된다). 각자 부른 숫자를 더한다. 예를 들어, A가 5를 부르고 B가 4를 불렀다면 합해서 9다. 다시 A 차례가 되어 10을 부르고, B 또한 10을 부르면, 합은 29다. 이런 식으로 계속해서 합이 100이 될 때까지 진행하는데, 마지막에 합 100을 만드는 사람이 이긴다. 예를 들어, 지금까지 숫자의 합이 98이라면, 다음 사람이 2를 부르면서 게임을 끝내고 이기는 것이다.

얼핏 보면 암산을 잘하는 사람에게 유리한 것 같지만, 그렇지 않다.

이 게임을 끝에서부터 생각해보면 처음 숫자를 부르는 사람이 이긴다는 것을 확인할 수 있다. 자, 뒤에서부터 한번 시작해보자. 주어진 숫자의 합에 더해서 100을 만드는 사람이 이긴다. 언제 그렇게 할 수 있을까? 상대방이 자신의 숫자로 최대 99까지 더할 수 있을 때 바로 그렇다. 그러고 나서 당신이 1을 부르면 이기는 것이다. 한편, 상대방이 부르는 숫자는 적어도 더해서 90까지는 나와야 한다. 그래야 당신이 10을 부름으로써 게임을 끝낼 수 있는 것이다. 따라서 당신이 합을 89로 만들 수 있는 숫자를 부를 수 있다면, 반드시 당신이 이긴다. 즉, 숫자의 합이 89이고 상대방이 부를 차례라면, 그가 아무리 큰 숫자를 불러도 99까지만 도달할 수 있고, 아무리 작은 숫자를 불러도 90 미만이 될 수 없으니 당신이 이긴 것이다. 따라서 이 게임은 사실상 89에서 끝난다. 더해서 89를 만든 사람이 승자인 것이다.

이런 사고 과정을 이해했다면, 다음에는 무엇이 등장할지 감이 잡힐 것이다. 당신이 더해서 89를 만들 수 있으려면, 그 전 합계가 얼마가 되도록 숫자를 더해야 하는지만 계산하면 되는 것이다. 그 숫자는 바로 78이다. 합이 78이 될 수 있는 숫자를 부르면 상대방은 최대 88, 최소 79가 되도록 숫자를 부를 수 있다. 그러면 당신은 최소 1, 최대 10을 불러서 합계가 89가 되도록 할 수 있다. 그 다음 단계 역시 분명하다. 어떤 숫자가 나와야 78을 만들 수 있을까? 67이다.

이런 과정을 계속 반복하면 게임을 처음 시작할 때까지 거슬러올라갈 수 있고, 그때의 숫자는 1이다. 내가 1에서 시작하면 상대방은 최대 11까지 올 수 있다. 당신이 숫자를 보충해 12까지 온 후, 계속 숫자를 높

여 23, 34, 45, 56, 67, 78, 89를 거쳐 100까지 가면 된다. 상대방은 옴짝
달싹 못할 것이다.

다음 도표를 통해 이 게임이 진행되는 한 가지 예를 볼 수 있다. 상대
방이 숫자를 더해서 해당 단계에 도달하도록 만들기만 하면 된다.

상대방	본인	결과
−	1	1
2	9	12
6	5	23
3	8	34
2	9	45
1	10	56
10	1	67
7	4	78
2	9	89
10	1	100

도표에서 볼 수 있듯이, 절대로 숫자의 전체 합에 신경을 쓸 필요가
없다. 다만 당신이 1에서 시작한 후, 상대방의 숫자와 당신 숫자의 합이
항상 11이 되도록 부르면 된다. 알다시피, 이 게임에서 이기는 사람은 암
산의 천재가 아니라, 게임을 끝에서부터 풀어 1부터 시작한 사람이다.
인생도 그럴 때가 많다. 끝을 먼저 생각한 사람이 처음부터 실수를 피할
수 있는 것이다.

당신의 복권이 결코 뽑히지 않는 이유

"몸의 병은 마음에서 오고, 마음의 병은 돈으로부터 온다."
– 탈무드 –

 "축하합니다, 당첨되셨습니다!"

전화기에서 경쾌한 음성이 들려왔다. 내가 어리둥절해서 엉거주춤 전화기를 들고 있는 동안, 전화기 저편에서는 '100만 유로', '쇼', '98퍼센트의 확실한 당첨' 등 기분 좋은 단어들이 권터 야우흐Günther Jauch(독일의 유명한 방송 진행자 – 옮긴이)라는 혹하는 이름과 함께 흘러나왔다.

처음의 흥분이 어느 정도 가라앉고 나서야 나는 사태를 파악했다. SKL(남부 독일에서 발행되는 연속식 복권 – 옮긴이)이 야우흐 씨와 함께 하는 새로운 복권쇼를 위해서 방청객과 후보자들을 찾는데, 내가 그 고귀한 그룹의 일원으로 뽑혔다는 것이었다. 어떻게 당첨이 될 수 있었는지, 그리고 SKL이 어떻게 나에 관한 자료와 전화번호를 알아냈는지에 대해서는, 기쁨이 앞선 나머지 신경조차 쓰이지 않았다.

통화를 하다 보니 내가 얼마나 '엄청난' 행운을 얻었는지가 바로 드러났다. 그 쇼의 참가자들(방청객이든 후보든)은 SKL 복권을 소유해야 한다는 것이었다. 즉, 내가 복권을 하나 사야만 했다. 전화기 너머 목소리의 말을 들어보면, 그것은 얼핏 땅 짚고 헤엄치기였다. 어쨌든 당첨확률이 98퍼센트라니 말이다. 이쯤에서 나는 통계학강의가 떠올랐고, 호기심이 발동했다. 98퍼센트의 당첨확률이란 도대체 무슨 뜻일까?

엄청난 '행운' 뒤에 가려진 복권의 진짜 가치

전화기 너머에서 다시 달콤한 목소리가 들려왔다.

"아주 간단합니다. 최저한도인 62.5유로로 복권 5장을 사시면 백발백중 98퍼센트의 확률로, 적어도 125유로는 받으시게 됩니다."

백발백중과 98퍼센트 확률의 차이를 곧장 추론해낼 수 있었지만, 어쨌든 계산이 나쁘지 않았다. 98퍼센트의 확률로 125유로에 당첨될 수 있지만, 지불하는 돈은 62.5유로에 불과하다니 말이다.

통계학을 이용하면 그 복권의 가치를 쉽게 계산해낼 수 있다. 그러기 위해선 이른바 기댓값, 당첨확률을 고려한 복권의 가치를 산정해봐야 한다. 예를 들어보자. 125유로에 당첨될 확률이 100퍼센트라면, 그 복권은 125유로의 가치가 있다고 할 수 있다. 반대로 당첨확률이 제로인 경우, 그 복권의 가치도 제로다. 그리고 당첨확률 50퍼센트, 당첨금 125유로의 복권이라면 정확히 62.5유로의 가치를 지닌다.

모든 복권에는 두 개의 얼굴이 있다. 당첨될 확률이 50퍼센트라면, 꽝일 확률도 50퍼센트인 것이다. 당첨된다면 그 복권은 125유로의 가치를 지니지만, 꽝일 경우 가치가 전혀 없다. 내가 당첨확률 50퍼센트의 복권을 2장 산다면, 통계적으로 봤을 때 1장은 당첨이 되고 1장은 꽝일 것이다. 따라서 기대되는 총 당첨금은 125유로로, 복권 1장당 62.5유로다. 둘 중 어느 것이 당첨 복권인지 알 수 없기 때문에, 추첨하기 전에는 둘 다 62.5유로의 가치를 지닌다. 추첨이 된 다음에야 복권의 두 얼굴 중 어느 쪽이 내게 미소를 짓는지 알 수 있는 것이다. 어쨌든 복권의 기대가치를 계산하기 위해서는 이처럼 당첨액수에 당첨확률을 곱하면 된다.

이제 문제는 복권의 가격이다. 1장의 가격이 62.5유로 이상이면, 복권 판매자가 유리하다. 그는 복권 2장을 판매해서 125유로 이상을 벌어들이지만, 그중 1장에 125유로만 지급하면 되기 때문이다. 복권 판매금과 지급된 당첨금 사이의 차액은 그의 소득이다. 여기서 복권 판매자에게 더 좋은 것은, 자신이 수익을 거두리란 것까지 알고 있다는 점이다. 그가 바로 꽝의 수, 즉 당첨확률을 정하기 때문이다.

복권 판매자는 자선사업가가 아니다

이런 생각을 하고 보니 '귄터 야우흐의 제안'이 더 대단하게 여겨졌다. 내 복권의 당첨확률은 98퍼센트이고 당첨금이 적어도 125유로라면, 이 복권은 통계적으로 봤을 때 무려 122.5유로의 가치를 지니고 있었다 (98%×125유로). 내가 복권을 100장 산다면, 통계적으로 봤을 때 98장은

125유로로 당첨되고, 딱 2장만 꽝일 테니, 그러면 당첨금이 모두 12,250 유로가 되는 것이다. 그런데 복권 100장을 사는 비용은 겨우 6,250유로 이니, 6,000유로가 내 수익으로 남는다. 정말 대단하지 않은가?

그런데 이렇게 대단해 보이는 거래가 나에게 불신감을 일깨워주었다. 어떤 통계학자라도 이런 기회를 놓치지 않을 것이며, 어떤 복권 판매자 도 이렇게 불리한 거래를 제안하지는 않을 것이다. 복권 판매자는 복권의 통계적 기댓값이 복권 값을 넘지 않도록 주의한다. 그렇지 않으면 돈을 잃게 되기 때문이다. 그런데 '귄터 야우흐'의 경우 복권을 100장 판매해 서 버는 돈은 6,250유로뿐인데, 당첨금으로는 모두 12,250유로를 지급 해야 한다. 세상에! 그는 사람들에게 돈을 선사하는 게 즐거운 모양이다.

복권 당첨액이 125유로짜리 딱 하나만 있다면, 그가 절대로 손해를 보지 않을 확률을 계산해낼 수 있다. 복권을 100장 팔면 수익은 6,250유 로다. 따라서 배당금은 최대 6,250유로로 잡으면 된다. 복권 1장당 당첨 금이 125유로니까, 당첨 가능한 복권은 최대 50장이다. 다른 말로 하면, 복권의 당첨확률은 50퍼센트를 넘어서는 안 된다. 100장 중 50장이 당 첨 복권일 경우 야우흐 씨는 적어도 손해를 보지는 않는다. 그리고 그가 수익을 내고 싶다면, 당첨확률을 50퍼센트 이하로 떨어뜨릴 것이다.

그렇다면 우리의 복권 판매자 '귄터 야우흐'는 계산을 잘못했단 말인 가? 아니다. 전화기 너머의 목소리에게 꼬치꼬치 캐물은 결과, 그건 절대 로 아니었다. 62.5유로는 다달이 내는 것이고, 98퍼센트의 당첨확률은 12월 1일에서 내년 3월 31일까지만 유효했다. 그렇게 되면 복권 값은 모 두 375유로(6개월×62.5유로)인데, 이는 122.5유로라는 확실한 기댓값에 비해 아주, 그리고 분명히 비싸 보인다. 아, 엄청난 비즈니스가 이렇게 좌절될 판이다.

98퍼센트의 확률로 100만 유로에 당첨될 확률은?

하지만 아니다. 전화기 너머의 목소리는 이렇게 유리해 보이지 않는 조건을 한쪽으로 밀어놓고, "125유로는 단지 최저 당첨금일 뿐"이라면서, "98퍼센트의 확률로 100만 유로에 당첨되실 수도 있습니다"라고 유혹했다. 이제 통계학적인 아드레날린이 내 정맥에서 마구 분출됐다. 100만 유로라고? 98퍼센트의 확률로? 그건 복권 1장당 기댓값을 무려 98만 유로로 만드는 일이다. 그것도 375유로에!

자, 흥분을 가라앉히고 생각을 좀 해보자. 이제껏 우리는 당첨액 125유로에 대해서만 말해왔지만, 최고 당첨금은 당연히 그보다 높을 수 있다(100만 유로까지). 이제 복권의 정확한 기댓값을 계산하기 위해서는 다음과 같이 해야 한다. 먼저 잠재적인 당첨금에 당첨확률을 곱하고, 그 합계를 더해준다. 예를 들어보자. 복권통 안에 복권이 100장 있다고 가정해보자. 그중 10장에 대해 5유로의 당첨금을, 10장에 대해서는 125유로의 당첨금을, 1장에 대해서는 무려 100만 유로의 당첨금을 약속했다. 이 경우 총 당첨금은 1,001,300유로다(10×5+10×125+1,000,000). 내가 이 복권을 100장 다 산다면 나는 분명히 이 1,001,300유로를 다 받게 된다. 따라서 복권 1장당 공정한 가격은 1,001,300유로를 100장으로 나눈 값, 즉 10,013유로다. 복권이 이보다 싸지면 우리의 복권 판매자는 바로 손해를 보게 된다.

복권 판매자 입장에서 계산해보면, 전화기 너머 목소리의 제안이 합당하지 않다는 게 분명해진다. 내가 98퍼센트의 확률로 100만 유로에 당첨된다는 것은, 복권 100장을 샀는데 꽝은 2장뿐이고 98장은 각각 100만 유로에 당첨된다는 얘기다. 그러면 무려 9,800만 유로의 당첨금을 받게 된다. 그것도 모두 37,500유로의 복권 가격으로 말이다(375유로 ×100장). 세상에 이런 거래에 응하지 않을 사람이 과연 있을까?

전화기 너머의 목소리는 이 모든 점을 분명히 하려고 했지만 내게는 맞는 말처럼 들리지 않았다. 내가 미심쩍어하자 통계, 확률, 백발백중에 관한 지루한 논쟁이 이어지고, 그리고 '가능합니다', '가능성' 같은 단어들이 나열되기 시작했다. 그래서 나는 한 가지 제안을 했다.

"내가 당첨될 확률이 98퍼센트라는 걸 서면으로 약속해주십시오. 그러면 바로 복권 5천 장을 사겠습니다."

내가 이렇게 강하게 나가자 전화기 너머의 목소리는 다소 조심스러워졌다. "어떤 복권을 언제 뽑을지는 잘 모르겠습니다"라며 그녀는 말끝을 흐렸다. 조금 전까지는 그렇듯 단호하게 '98'이라는 숫자와 '백발백중'이라는 단어를 떠벌리더니……. 어쨌든 그제야 그녀는 잠재적인 '야우흐 쇼' 후보인 나에게 자료를 보내서 내가 직접 나의 당첨 가능성을 계산해볼 수 있도록 하겠다는 데 동의했다.

그런 자료는 내게 결코 도착하지 않았고, 누군가 다시 전화를 걸어오지도 않았다. 귄터 야우흐를 보려면 좀 더 기다려야만 할 모양이다.

3장

경제학자는 과연
미래를 예측할 수 있을까?

우리에게 필요한 정치인이란

냉철한 계산으로 자신들에게 맡겨진 세금을 주의 깊게 다뤄서,

그렇게 절약한 돈으로 심장의 명령을 따를 수 있는 사람들이다.

따뜻한 심장은 차가운 머리가 필요하다.

전문가들의 예측이 늘 빗나가는 이유

"정보의 풍요로움은 주의력 빈곤을 만들어낸다."
– 허버트 사이먼 –

내가 좋아하는 TV 프로그램 가운데 〈스타트렉〉이 있다(물론 아주 오래된 시리즈다). 이 시리즈에서는 어떤 형태로든지 시간상 이전 혹은 이후를 여행하는데, 그러면서 짐과 필, 스팍 등 주인공들은 이미 오래전에 죽었거나 혹은 앞으로 살게 될 자기 자신 혹은 다른 사람들을 만나게 된다.

당연한 이야기일지도 모르지만, 시간여행자들이 과거를 여행할 때 가장 좋은 점은, 미래에 무슨 일이 일어날지를 이미 알고 있다는 것이다. 미래를 알고 있다는 점에서 모든 경제학자에게는 잠재적인 시간여행자의 기질이 있다고 할 수 있다. 다만 우리에게는 시공간연속체를 통과해 시간을 뛰어넘을 수 있는 가능성이 없을 뿐이다. 대신 우리에게는 미래로 뛰어들 수 있는 또 다른 방법이 있다. 바로 '경제매트릭스'다. 동료들이 잘 다듬은 수학적 테크닉을 활용해 연구하는 부문이지만, 문외한들에게는 관련 잡지에 실린 그 논문이 꼭 세 살짜리가 쓴 고대 독일의 루네 문자처럼 보일 것이다.

기본적으로 이들은 과거의 데이터를 취해서 어떤 패턴, 규칙성, 연관성을 알아내려고 한다. 그리고 이런 패턴이나 연관성은 지속적으로 업데이트된다. 그런데 경제학자의 예측 업무는 지극히 복잡하고 몇몇 전문가들을 위한 것으로, 그것이 아무리 종종 성공할 가능성이 높다고 하더라도, 그 결과를 전문 지식이 없는 대중에게 전달하기란 쉽지 않다. 바로 이런 이유 때문에 당신이 일상에서 종종 접하는 예측 방법은 학문적이지 못할 때가 많다. 그래서 본질적으로 비판에 취약한 것이다.

예측을 적중시키는 두 가지 방법

들어맞는 예측을 하는 성공적인 방법 가운데 하나는 예측을 많이 하는 것이다.

"가능한 한 예측을 많이 하라. 그리고 들어맞은 것 하나만 사람들이 기억하게 하라."

예측가들이 즐겨 인용하는 옛 지혜다. 예측을 잔뜩 해서 그 가운데 하나가 들어맞을 확률을 높이고, 그렇게 '들어맞은' 예측들을 당신의 예측 능력으로 마케팅하는 것이다. 그러니까 발사대에서 여러 차례 엽총을 쏘고, 그 가운데 과녁에 박힌 탄알만을 당신의 뛰어난 사격술의 증거로 제시하는 것과 같은 일이다.

이런 사실을 염두에 두고, 자신의 예측이 맞았다고 떠벌리는 몇몇 주식의 대가들에게 지금까지 예측을 몇 가지나 했느냐고 물어보라. 애널리스트가 TV에 나와서 자기가 한 예측이 맞아떨어졌다고 자랑하더라도 이제 더 이상 감탄하지 마시라. 애널리스트는 직업상 끊임없이 예측을 해댄다. 그래야 그중 몇 가지라도 들어맞을 가능성이 높아진다. 그가 이제껏 얼마나 많은 예측을 했는지 알면 정말 재미있을 것이다. (하지만 그걸 어찌 알랴.) 그가 해마다 예측을 딱 하나씩만 했다손 치더라도 마찬가지다. 애널리스트가 많으면 많을수록 TV 방송국이 '예측이 적중한 아무개 애널리스트'를 소개할 확률은 높아진다. 물론 그 소개 멘트만으로 그의 자질에 대해서 알 수 있는 것은 거의 없다.

들어맞는 예측을 하는 또 다른 방법은 가만히 있는 것이다. 주가 예측을 한번 살펴보자. 주가가 오랜 기간 상승했다면 언젠가 다시 하락하는 걸 피할 도리가 없다. 주식투자의 대가인 당신이 언젠가는 주가가 떨어질 거라고 아주 충분히 오래전부터 예측했다면, 어느 순간에는 그 예측이 맞아떨어질 것이다. 그러면 당신은 바로 더 대단한 대가가 된다. 아주 오래전부터 대폭락을 경고했기 때문에, 당신이 그사이 50퍼센트의 상승을 놓쳤다는 사실은 그동안 당신을 인터뷰한 저널리스트조차 대부분 잊고 있다. 대신 당신의 확고함이 빼어난 예측 능력의 증거로 마케팅될 것이다.

"이미 몇 년 전부터 XY씨는 극적인 달러 하락을 경고해왔다."

한 신문에서 이런 제목의 표지기사를 읽은 적이 있다. 이는 독자들에게 XY씨는 이미 여러 해 전부터 한 번은 그런 일이 일어날 것임에 틀림 없다는 사실을 알고 있었다는 걸 암시하려는 것이다. 그렇다면 XY씨는 그 몇 년 동안 다른 예측은 하지 않았단 말인가? 왜 이제야 비로소 특별한 예측 능력을 지닌 사람으로 돌변한 것일까? 이런 의문은 아무도 갖지 않는 듯하다. 악의를 갖고 이 기사를 무능함의 증거로 해석한다면, "몇 년 동안 XY씨는 틀렸다, 이제 드디어 한 번 맞혔을 뿐이다"라고 읽을 수도 있을 것이다.

인간은 병적으로 패턴에 집착한다

주가 예측은 예측으로 모든 것을 망칠 수 있음을 보여주는 가장 '훌륭한' 사례다. 이 방면에서 막강한 우승 후보는 연필과 자로 무장하고 주가 곡선과 추세를 파악해, 그 과정에서 미래를 예견하는 이른바 테크니컬 애널리스트들이다. 그들의 기본 개념은 모든 일련의 시간은 똑같은 타입의 주가곡선과 추세 혹은 패턴으로 움직이며, 특정한 패턴은 언제나 반복된다는 것이다.

나는 여러 가지 이유에서 그런 생각이 용감무쌍하다고 생각한다.

첫째, 하락 추세로 볼 것이냐 상승 추세로 볼 것이냐는 전적으로 시간 폭의 문제다. 주간 그래프에서는 하락 추세처럼 보이는 흐름이 두 달간의 시간 폭에서 살펴보면 상승 추세로 보일 수 있다. 그렇다면 이 두 시간 폭 가운데 도대체 어떤 것을 관찰한 것이 '맞는' 것일까? 여기서 한 가지 사례를 들어보자. 수열 1, 2, 5, 8, 5, 6, 7, 6, 5, 5. 마지막 네 수치만 보면 분명 하락 추세다. 하지만 전체를 관찰한다면, 1에서 5까지의 상승 추세다. 그리고 뒤 여덟 개의 수치를 본다면 횡보 상태라고 할 수 있을 것이다.

심사숙고해야 할 게 또 하나 있다. 이런 패턴이 정말로 존재하고 누군가 그걸 알고 있다면, 똑똑한 딜러들이 이를 활용할 것이기 때문에 이런 패턴은 곧 과거지사가 될 것이다. 만약 하락 곡선의 최저점에 언제 도달할지 확실히 안다면, 그들은 그 시점에 매입을 할 것이고, 그럼으로써 곡선은 위로 솟아오를 것이다. 그리고 남들이 그걸 안다는 사실을 내가 알고 있다면, 나는 그런 일이 일어나기 조금 전에 시류에 편승할 것이다. 하지만 그건 다른 사람들도 역시 알고 있다. 그리고 계속 그런 식이다. 최종적으로 그런 곡선과 패턴에 대한 지식은 곧 조정 반응으로 이어질 것이고, 이는 다시 그런 패턴과 곡선을 예측함으로써 완전히 파괴되는 건 아닐지라도 변화를 가져오는 결과로 이어질 것이다.

그러나 단기적으로는 그런 방법이 통할 수 있다고 주장하는 사람도 있다. 그들에 따르면, 많은 시장 참여자들이 그런 예측을 믿고 그에 따라 행동한다는 것이다. 그랬을 때 기대에 찬 추종은 바로 예언으로 실현된다. 예측가로서는 더할 나위 없이 좋은 일이다. 현실이 예언가의 소망을 따른다면 말이다. 그러나 이런 방법으로 장기적인 추세를 예측한다면, 결과는 좀 위험해진다.

"테크니컬 애널리스트가 15년 안에 유로가 1.2달러가 될 것으로 예측했다."

얼마 전 신문에서 읽은 기사 제목이다. 이 애널리스트는 엘리어트 파동이론(주가는 연속적인 8개의 파동이 사이클을 이루며 상승과 하락을 반복한다는 이론. 1938년 미국의 회계사 출신 아마추어 주식 분석가인 랠프 엘리어트가 발표했으며, 주가 변동을 예측하는 기법으로 사용된다 – 옮긴이)과 피보나치수열의 도움으로 무려 15년이라는 시간을 여행한 것이다(〈스타트렉〉의 팬들이라도 경악할 일이다).

지난 30년간의 수치에서 찾아낸 어떤 특정한 패턴을 근거로, 이자와 성장률 혹은 상업의 흐름 같은 근본적인 것은 전혀 고려하지 않고(이런 것들은 15년 동안 어떻게 될지 아무도 모르기 때문에 고려할 수도 없다), 그 패턴이 계속될 거라고 단정해 향후 15년을 진단한 것이다.

물론 예를 들어 이른바 엘리어트 파동처럼 놀랍게도 확실하다고 가정할 수 있는 시계열분석time series analysis이 있기는 하다. 하지만 그것이 15년 뒤에도 정확하고 보편적이며 규칙적으로 지속된다고 주장할 수 있을까? 오히려 우리는 얼마나 많은 시계열분석이 이런 패턴을 따르지 않는지를 다시 한 번 살펴봐야 한다. 그러면 세상이 갑자기 아주 달라 보일 것이다.

최근의 신경생리학 연구는 우리 인간에게는 패턴을 알아내려는 벽癖이 있다는 데서 출발한다. 뇌는 우리가 예측을 해내면 도파민 배출을 증가시켜 칭찬을 해준다. 즉, 행복감을 고조시켜준다. 그렇기 때문에 패턴이 전혀 없는 상황에서도 우리 뇌는 패턴을 찾아내고 싶어 한다는 점을 기억해야 한다.

또 다른 전문적인 예측 테크닉으로 이른바 '곡선맞춤curve fitting'이 있다. 일련의 데이터를 가지고 그 데이터를 가장 잘 설명해줄 수학공식을 찾는다. 즉, 과거를 가장 잘 설명할 수 있는 수학적 연관성을 찾는 것이다. 그 다음은 간단하다. 그 연관성이 미래에도 또한 유효하다고 가정하는 것이다. 그리고 예측 완료! 이제 그 모델은 제 역할을 할 수 있다고 여겨진다.

나로서는 그런 모델이 별로 인상적이지 않지만, 누군가 내게 기적이라고 호들갑을 떨면서 그런 모델을 판매하려고 한 적이 있다. 어떤 자리에서 은행가들이 의기양양하게 그 모델이 얼마나 효과적인지 설명하더니, 급기야는 그래프를 보여주면서, 이것이 20년 전에만 있었더라면 얼마나 좋았겠느냐고 안타까워했다. 당시 나는 이런 말이 참 웃긴다고 생각했다. 예의 그 예측 방법이 다시 등장한 것이다. 하지만 우리 모두 다 알다시피, 과거를 잘 설명했다고 해서 미래에도 들어맞는다고 장담할 수는 없다. 과거를 에뮬레이션하기 위해 만들어낸 어떤 공식이 과거를 잘 에뮬레이션해낸 게 뭐 그리 인상적이란 말인가.

그렇다고 그런 모델이 제 기능을 할 수 없다는 건 아니지만, 어쨌든 면밀하고 주의 깊게 해석을 해야만 한다는 뜻이다(우리의 은행가들처럼 경솔하게 행동해서는 안 된다). 세상 모든 게 다 그렇듯이, 그런 모델들도 역시 단점이 있다. 예를 들자면, 구조가 붕괴되는 경우가 바로 그렇다. 과거 어느 시대의 발전을 설명해주던 연관성이 무너지면, 우리의 수학적 모델 역시 가치를 상실한다. 바로 그 연관성을 토대로 한 것이기 때문이다. (구조 붕괴의 전형적인 사례는 모든 통계를 완전히 소용돌이 속으로 몰아간 '독일 통일'이다).

게다가 안정적으로 그리고 미래에도 계속 통용되는 패턴을 포착했다고 확신하려면 장기간의 시계열분석이 필요하다. 하지만 우리에게 주어지는 것은 종종 아주 짧은 시계열이며, 시계열이 짧으면 짧을수록 통계적인 신빙성은 그만큼 줄어든다.

주가를 예측하려면 차라리 룰렛을 돌려라?

주가야말로 예측가들이 특히 관심을 갖는 분야지만, 대개는 그 시계열이 많이 존재하지 않는다. 그래서 주가만큼이나 그 시계열도 랜덤 변수에 아주 취약하다. 미국 경제학자 스티븐 랜즈버그Steven Landsburg는 주가의 변동을 설명하기 위해서 아주 멋진 이미지를 만들어냈다. 바로 주가가 아니라 매일매일의 편차가 적혀 있는 룰렛 바퀴다. 매일 바퀴를 돌리면 우연히 한 편차가 선택된다. 0.1퍼센트 상승 혹은 하락 같은 편차는 많이 적혀 있고, 10퍼센트 내지 20퍼센트 상승 혹은 하락 같은 편차는 아주 드물게 적혀 있다. 오늘 바퀴를 돌려 구슬이 한 눈금에 떨어지면, 거기 적혀 있는 편차만큼 그날의 주가가 변동하는 것이다.

이제 당신은 분명히 이의를 제기할 것이다. 독일은행이 풋내기를 의장으로 선출한다면 어떻게 되겠느냐고 말이다. 주가는 극적으로 폭락할 것이고, 그것은 절대로 우연이 아니라 논리적인 결과라고 당신은 주장할 것이다. 맞는 말이다. 하지만 그렇다고 룰렛 이미지와 어긋나는 것은 아니다. 독일은행이 아주아주 멍청한 어떤 짓을 해서 주가가 '잠수를 탈'

가능성은 언제나 존재하며, 룰렛 바퀴의 한 눈금은 바로 그런 사건을 나타낸다. 하지만 우리는 그런 사건이 언제 일어날지, 확률은 얼마나 되는지 정확히 알지 못한다. 따라서 룰렛 바퀴가 나타내는 것은 주가의 변동 그 자체가 아니라, 그 이면에 있는 사건들이다. 다만 이런 이례적인 사건들은 확실한 확률을 가지고 있어야 한다. 하지만 그 확률을 도대체 어떻게 정확히 예측할 수 있단 말인가? 룰렛에 있는 다른 눈금 대부분은 "특별한 일은 일어나지 않는다. 몇몇 사람은 사고판다"는 현상을 다양한 확률로 나타낸다. 그 결과는 우리가 '정상적'이라고 여기는 영역 안에 있는 편차다.

물론 주식시장에는 이론적으로 유익하면서 연구해볼 만한 흐름이 존재한다. 하지만 그런 흐름은 한편으로는 다른 영향들과 겹치고, 다른 한편으로는 아마 자주 변할 것이다. 많은 경우 그 규모가, 심지어는 아예 트렌드가 달라지기도 한다. 이전에 우리의 예측 목표에 긍정적인 영향을 끼쳤던 변수가, 이제는 그 이유가 무엇이든지 간에 부정적인 영향을 끼칠 수도 있다는 이야기다. 그래서 증시의 흐름에 대해 토론할 때는 서로 상반되는 견해임에도 이론적으로는 각각 그럴듯하게 들리는 경우가 있다. 현실 또한 바로 그렇다.

사건은 과거를 기억하지 못한다

하지만 그렇다고 해서 사람들이 예의 그런 예측 방법들을 기피하는 것 같지는 않다. 심지어 그 결과를 좀 더 깊이 있게, 좀 더 빈틈없이, 좀 더 철저하게 연구하는 것 같지도 않다. 대부분의 사람들은 여전히 복잡한 현실을 지적으로 감당할 수 있는 정도로 단축시킨 단순한 방법론, 즉 테크닉을 사용한다.

그중 가장 널리 보급된 방법은 아마도 경제학자들이 '선형 외삽법 Linear Extrapolation'이라고 부르는 것으로, 한 가지 트렌드를 보고 그것을 간단하게 하나하나 미래로 업데이트하는 것이다. 지난 10년간 인구가 계속 줄어들고 있다면, 이러저러한 시간 안에는 독일인이 더 이상 존재하지 않을 거라고 곧장 계산하는 식이다. 이 방법에 따르면, 주가가 10년간 계속해서 해마다 약 0.5퍼센트씩 상승했을 경우, 내가 언제 백만장자가 될 수 있을지를 계산할 수 있다. 언론 보도를 보면 이런 방법이 널리 보급돼 있음을 알 수 있다. 하지만 특별히 과학적이지도 않고, 결과와 관련해서는 그다지 결실이 많지 않다는 점에서 전혀 다를 게 없다.

이런 진단 전략의 기저에는 역시 널리 유포돼 있는 또 다른 오류가 자리를 잡고 있는 경우가 많다. 바로 '사건이 기억력을 가지고 있다'고 믿는 오류다. 당신이 카지노에 있는데, 벌써 다섯 번이나 연속해서 '레드' 볼이 떨어지는 것을 봤다고 가정해보자. 여섯 번째 '블랙' 볼이 나올 확률이 얼마나 된다고 생각하는가? 사람들은 대부분 여기서 틀린다. 블랙이 떨어질 확률은 볼을 한 번 던질 때마다 48퍼센트로, 앞에 던졌을 때 나온 색깔과는 아무 상관이 없다. 볼에게는 "벌써 열 번이나 레드가 떨어졌으니 이쯤에서 한 번쯤 블랙이 나와야 하지 않을까?"라고 말해줄 기억력이 없기 때문이다.

물론 여섯 번 연속 레드가 나올 확률은 레드가 한 번 나올 확률보다 작다고 말한다면 맞는 말이다. 하지만 그건 나중에 생각할 문제다. 던지기 전에 모든 색깔은 항상 똑같은 확률을 지니고 있다. 볼에게는 기억력이 없기 때문이다. 천 번 연속 레드가 나왔다고 해도, 1001번째 레드가 나올 확률은 대략 50퍼센트다. 1002번째도 역시 마찬가지다.

이런 생각을 이해한 사람이라면, 이제 주식 구매자들의 다음과 같은 미신이 의아하게 여겨질 것이다. 그들은 어떤 주식의 현재 가격을 한때 최고가에 비교하고는 아주 싸다는 이유로 매수한다. 기억력이 없는 룰렛 볼을 기억한다면, 우리는 그런 믿음에 의구심을 가져야만 한다. 어떤 주식이 한때는 100유로였다고 해도, 그 주식은 그 사실을 기억하지 못한다. 그런데 왜 주가가 다시 그쪽으로 돌아가야만 하는가?

반대로 깊이 추락한 주식은 절대 사는 게 아니라고 주장할 수도 있다. 그렇게 가치를 상실한 데는 이유가 있지 않겠느냐고 하면서 말이다. 하지만 주식시장에서 장담할 수 있는 건 아무것도 없다. 그렇지 않은가? 다만 한 가지, 주가는 한때 기록한 최고가를 절대로 기억하지 못한다는 사실만은 확실하다. 그게 전부다.

실전에서는 다른 예측 테크닉을 관찰할 수 있다. 미래를 성찰한다기보다는 전략적 사고와 관계 있는 테크닉이다. '보편적으로 기대되는 것을 예측하는 것'으로, 사실 바보라도 구사할 수 있는 전략이다. 예측 전문가인 내 동료들 대부분이 대세를 따를 때 나도 그렇게 하며, 그렇게 했을 때 내 상황이 다른 동료들보다 더 나빠질 리는 없다. 역으로도 마찬가지다. 모두가 함께 심한 착각을 했다면 나는 별로 자책하지 않는다. 다

같이 잘못 생각한 것이니 말이다. 용감한 전략은 아닐지 모르지만, 어쨌든 그 덕택에 많은 예측가가 일자리를 잃지 않고 있다.

다음에 TV에서 전문가들이 2040년에는 더 이상 일자리가 없다거나 혹은 주가가 20퍼센트 상승할 것으로 기대한다는 소리를 하거들랑, 그 전문가들은 도대체 어떻게 그런 결론에 도달했는지를 한번 살펴보자. 그리고 그동안 얼마나 많은 예측이 종적을 감췄는지 떠올려보시라.

문신을 한 기업 간부와 정장 차림의 사기꾼

"다른 사람들을 판단할 때 행운과 능력을 혼동하지 말라."
– 칼 아이컨 –

최근 한 동료가 재미있는 이야기를 들려줬다. 얼마 전 비행기로 런던 출장을 가는데, 옆 좌석에 앉은 사람을 보고 약간 기분이 언짢았다고 한다. 찢어진 청바지에, 문신이 힐끗힐끗 보이도록 해지고 더러운 티셔츠, 무거운 가죽재킷…… 한마디로 말해, 그런 사람에게는 중고차조차 절대로 사고 싶지 않은 인상이었다.

하지만 비행기 여행이 늘 그렇듯이, 두 사람은 결국 이야기를 나누게 되었는데…… 한참을 이야기한 뒤에야 내 동료는 그 남루한 옷차림의 옆자리 승객이 바로 닥스DAX(독일 프랑크푸르트 증권거래소에 상장된 종목 중 시가총액 기준 상위 30개 회사로 구성된 종합주가지수 – 옮긴이)에서도 높은 위치에 있는 기업의 고위간부로, 연봉이 무려 20만 유로에 달한다는 사실을 알게 되었다는 것이다.

가죽옷을 입은 은행가가 낯선 이유

내가 이 이야기를 들려주면 거의 모든 사람이 웃거나 혹은 깜짝 놀란다. 그런 차림의 사람이 그렇듯 높은 지위에 수입이 그렇게 많으리라고는 쉽사리 예상할 수 없기 때문이다. 그런데…… 도대체 왜 그런 걸까? 왜 은행가가 스트라이프 정장 대신 가죽옷을 입고 등장하는 것이 그렇게 낯설게만 느껴지는 걸까? 왜 우리는 기업의 이사가 찢어진 청바지를 입고 시내를 활보하는 걸 용납하지 못하는 걸까?

대부분의 사람들은 이렇게 대답할 것이다.

"그런 사람들이 그런 차림으로 다닐 거라고는 전혀 예상하지 못했고, 또 그렇게 행동하는 것이 전혀 익숙하지 않기 때문에……."

그러면 나는 또 이렇게 묻고 싶다. 왜 그런 게 익숙하지 않을까? 나는 꽤 많은 은행가를 알고 있는데, 그들도 저녁때 집에 가서 맨 먼저 하는 의식은 '적당한 옷'으로 갈아입는 것이라고 말한다. (여기서 '적당하다'는 것은 물론 그들의 어머니가 말하는 '적당하다'와는 다른 의미다.)

그렇다면, 그렇게 많은 사람이 헐렁한 청바지를 편안해하면서도 왜 굳이 그렇게 비싸고 고상한(내가 생각하기에는 비실용적인) 정장을 입는 걸까?

"그야…… 남들이 다 그러니까, 만약 나 혼자만 다르게 입으면 외톨이가 되고, 심지어 정신 나간 사람처럼 보일지도 모르니까."

맞는 말이다. 하지만 사회 전반적으로 도덕관념이 점차 느슨해지는 요즘, 의복에 관한 규정이나 개념도 시간이 지나면서 좀 편안해지지 않을까, 하는 추측도 해본다. 그런데 이런 희망찬 기대에 반대하는 주장도 있다. 그 근거는 당연히 '경제적'인 것이다.

한번 생각해보자. 은행 창구에 앉아 있는 사람이 폭력배처럼 지저분한 장발에 온몸에 문신을 하고 있다면, 얼마나 이상하겠는가? 그런 사람에게 당신의 돈을 맡길 수 있겠는가? 아마 아닐 것이다. 그런데, 왜? 대답은 아주 간단하다. 우리는 대부분 상대방의 차림새로부터 그가 어떤 행동을 할지를 추론해내기 때문이다. 하지만 앞에서 소개한 일화를 통해 알 수 있듯이, 우리는 절대로 사람을 차림새만 보고 판단해서는 안 된다. 책을 겉표지만 보고 판단해서는 안 되는 것처럼.

겉모습과 차림새, 처음 만나는 사람에게 '신호 보내기'

그렇다면 우리는 왜 사람을 차림새나 겉모습만 보고 의심하거나 믿게 되었을까? 그것은 경제학자들이 '신호 보내기signalling'라고 부르는 전략과 관계가 있다. 여기서 중요한 것은 상대방에게 내가 어떤 사람인지 신호를 주는 것이다. 이유는 아주 간단하다. 당신이 어떤 사람을 새로 알게 되면, 일반적으로 가장 먼저 그에 대한 인상을 갖게 된다. 이 사람은 어떤 종류의 사람인가? 이 사람을 믿어도 될까? 이 사람과 대화를 나누는 게 유익할까?…… 이런 질문에 우리는 필요한 만큼 빨리 대답할 수 있을까? 사실 불가능한 일이다. 실제 생활에서 우리는 거의 즉각적으로 (이런 질문에 대한 정보나 답을 알기 전에) 옆자리에 앉은 사람에 대한 인상을 갖기 마련이다. 그리고 바로 여기서 겉모습과 차림새가 중요한 역할을 한다.

성격적인 특징을 밖으로 드러낼 수는 없지만, 우리는 대개 상대방에게 어떤 신호를 보냄으로써 공통의 가치관을 공유하려는 노력을 하기 마련인데, 이때 복장만큼 좋은 수단이 어디 있겠는가. 옷과 장신구 등은 자신이 알고, 존중하고, 추구하는 가치관에 대해 상대방에게 신호를 줄 수 있는 효과적인 방법이다.

진한 문신과 가죽옷, 금목걸이와 무거운 반지를 착용하는 사람은 외부세계에 자신이 어떤 가치관을 지니고 있는지, 예를 들어 〈아기 사슴 밤비〉 같은 영화는 절대로 좋아하지 않는다는 신호를 아주 분명하게 보내는 것이다. 한편 외모에 한껏 신경을 쓴 사람, 고급 손수건과 커프스단추, 우아한 넥타이로 치장한 사람은 주변에 자신이 돈의 가치를 알고 있으며 믿음직한 사람임을 보여주고자 하는 것이다.

하지만 부디 주의하시라. 이것은 단지 신호일 뿐, 정말 그의 내면적인 태도를 반영하고 있는지는 별개의 문제다. 대부분의 경제사범이 말쑥한 외모를 자랑한다. 말끔한 차림새는 고객의 환심을 사기 위한 필수 수단인 것이다. 그런데 그렇게 말쑥한 외모가 계속 먹히는 까닭은, 그런 세련된 손수건과 넥타이가 바로 신뢰를 상징하는 신호로 이해되기 때문이다. 그렇게 근사한 외모, 그렇게 훌륭한 매너, 그렇게 세련된 복장…… 그런 사람이 절대로 남을 속일 리가 없어! 그런 생각이 들 때 한번쯤 자문해 봐야 한다. 정말 그럴까?

다행스럽게도 우리는 아무리 비싼 옷을 입었다 하더라도 경제사기꾼은 대체로 쉽게 알아볼 수 있다. 예를 들어, 그들은 대체로 양복에 스포츠양말을 신는다. 조금이라도 패션의 규칙을 아는 사람이라면, 검은색 양복에 흰색 스포츠양말이 '절대 금지 조항', 심각한 위반이라는 것을 알고 있다. 그 이유는 중요하지 않다. 단지 바로 그런 규칙이 이 분야에서 통용되고 있다는 사실이 중요할 뿐이다.

이제 무슨 일이 발생할지는 자명하다. 여기 누군가가 말끔한 차림새를 통해 신호를 보냈다고 가정해보자. 하지만 거기에 필요한 어휘를 완벽하게 구사하지 못했을 경우(검은 양복에 흰색 스포츠양말을 신은 것처럼), 그 신호는 불완전하고 오류가 있음으로 해서, 오히려 그가 무언가를 속이려 한다는 암시로 작용한다.

지나치게 과장된 신호 역시 결함이 있음을 드러낸다. 봉급은 평균 이하인 펀드매니저가 무려 수천 유로나 하는 양복을 입고 재규어 자동차를 타며, 네 대의 휴대폰을 가지고 쉬지 않고 런던과 통화한다면, 뭔가 수상쩍지 않겠는가. 이런 사람이라면 '한탕'을 해도 크게 할 생각이겠지만, 이렇게 과장된 신호는 그가 품은 그럴듯해도 뭔가 사기를 치기 위해 속이려고 한다는 추측을 낳는다.

인생의 배우자를 찾기 위한 '신호 보내기'

'신호 보내기'는 금융계에서뿐만 아니라, 자신이 꿈꾸는 멋지고 훌륭한 삶에 맞는 '오직 한 사람'을 찾는 데서도 중요한 역할을 한다. 모든 사람이 다 흰색 작업복에 똑같은 헤어스타일을 하고 있으며, 그 밖에도 무엇 하나 다른 게 없다고 상상해보자. 당신은 당장 한 가지 문제에 봉착할 것이다. 도대체 어떻게 나에게 맞는 배우자를 찾을 것인가?

똑같은 옷을 입은 어느 문학도가 역시 똑같은 작업복에 똑같은 헤어스타일의 여성들 중 한 명에게 말을 걸었는데, 나중에 알고 보니 그녀는 오토바이를 즐겨 타고 술집에서 싸움을 일삼는 여자였다. 두 사람 사이에 과연 로맨스가 생겨날 수 있을까? 현실세계에서는 물론 이런 일이 거의 일어나지 않는다. 니트 조끼를 입고 뿔테안경을 쓴 문학도라면 아마도 가죽재킷에 해골 문양을 덧댄 옷을 입은 아마존의 전사에게 말을 걸지는 않을 것이다. (우리의 '똑같은 작업복 세계'에 살고 있는 그 문학도에게는 한 가지 방편이 있을 것이다. 자기와 비슷한 생각을 가진 사람을 만날 수 있을 거라고 추정되는 특정한 장소를 찾아보는 것이다. 이 경우는 체류지를 통해서 신호를 보내는 셈이다.)

우리는 또 공개적으로 자신이 명확한 그룹에 소속돼 있음을 알림으로써 신호를 보낼 수도 있다. 예를 들어 헤비메탈 음악을 듣는다든지, 릴케의 시를 좋아한다든지, 프로축구팀 마인츠05의 팬이라든지, 혹은 자동차 마니아라든지……. 이런 신호를 포착하려 하고, 또 포착할 수 있는 사람은 자신의 라이프스타일과 세계관에 맞는 사람을 골라내려 하고, 또 그럴 수 있다. 이 경우 나를 비롯한 '일상의 경제학자'들은 청재킷에 부착된 헤비메탈 패치가 배우자 선택을 위한 탐색 비용을 줄일 수 있다는 놀라운 해결책을 제시하게 된다. (우리의 '똑같은 작업복 세계'에서는 이는 본질적으로 어려운 일일 것이다.)

비즈니스 라이프에서도 이런 '신호 보내기'는 유효하다. 고객의 신뢰를 얻을 수만 있다면 모든 것이 다 허용된다. 어떤 비즈니스에 오랫동안 종사했다고(50년 이상) 언급하는 것은 고객들의 신뢰감을 강화시켜준다. 대규모의 화려한 매장 역시 마찬가지다. 근사한 자기 매장을 가진 사람이라면 내일모레 고객의 돈을 가지고 브라질로 달아나는 일은 없을 거라는 믿음을 고객에게 줄 테니 말이다.

겉모습의 신뢰도는 얼마나 될까?

다시 한 번 강조하지만, '신호 보내기' 개념에서 중요한 것은, 겉으로 나타나는 모습과 내적인 의도가 꼭 일치하는 것은 아니라는 사실이다. '신호 보내기'란 그저 주변 사람들에게 자기가 거기 속해 있음을 알리기 위해서 외적인 형태로 하나의 신호, 하나의 표시를 보내는 것이다. 차림새나 경력 언급 같은 다양한 신호는 따라서 잘못된 속임수로 이용될 수 있다. 또는 단순히 자신이 순종해야만 하는 주변 환경의 규칙에 대한 동의로서만 활용될 수도 있다. 앞에서 문신을 한 기업 간부는 아마도 이런 사실을 잘 이해하고, 직장생활을 할 때에는 직업적인 복장 요구에 복종했을 것이다. 개인적으로는 아무리 그런 걸 지극히 하찮게 여기더라도 말이다.

문신을 한 기업 간부 이야기를 듣고 우리가 놀란 것은, 그가 필요에 따라 직업적인 복장 요구에 복종하지만, 내적으로는 그런 규칙을 거부하기 때문에 그런 차림새를 한 것이라고는 믿고 싶어 하지 않기 때문이다. 원칙적으로 말해, 우리가 웃은 건 '신호 보내기'의 효과가 얼마나 강력한지를 보여주는 예이며, 또한 우리가 외적인 모습과 내적인 태도를 자동적으로 동일시하고 있음을 의미한다. 그러니 다음번에 흰색 스포츠양말을 신은 록음악 애호가와 마주치게 되거들랑, 조심하시라. 어쩌면 그가 당신의 자산고문이 될 수도 있으니 말이다. 그는 어쩌면 시 애호가일 수도 있지 않을까.

우리 시대의 카고컬트,
공업단지와 보행자 전용구역

"경제란 석탄을 아끼는 데 있는 게 아니라
그것이 불타고 있을 동안 시간을 이용하는 데 있다."

– 랠프 월도 에머슨 –

우리 부모님은 시골에 사신다. 가장 가까운 도시가 자동차로 한 시간은 좋이 걸리는 곳이다. 이 동네를 다른 세계와 연결해주는 건 고속도로뿐이다. 고속도로를 벗어나면 조금 지나서 반드시 로터리에 들어서게 되는데, 진출램프는 딱 두 개뿐이다. 부모님 집에 가려면 택해야 하는 진출램프 하나, 그리고 아무 곳에도 가지 않는 진출램프 하나.

물론 진짜 아무 곳에도 가지 않는 건 아니다. 그 진출램프에는 가로등이 켜진 긴 도로가 붙어 있는데, 왼쪽에도 오른쪽에도 시야가 닿는 한 텅 빈 평지가 쭉 뻗어 있다. 얼마 전 내 질문에 부모님은 "그곳에 공업단지가 들어선다더라"라고 설명해주셨지만, 몇 달째 아무 일도 일어나지 않고 있다.

가난한 지역의 공업단지는 일종의 카고컬트다

내가 보기에 이 진출램프는 이 지역의 통치자들이 마음 깊은 곳에서부터 종교인으로, 몇몇 태평양 섬의 원주민들과 똑같은 신을 숭배하고 있음을 보여주는 고전적인 사례다. 그들의 마음속에서 다음과 같은 일이 일어나고 있기 때문이다.

제2차 세계대전 중 미국은 태평양의 많은 섬에 기지를 마련했고, 그럼으로써 원주민들에게 뜻하지 않은 호경기를 선사했다. 식량 상자들이 비행기에서 잘못 투하돼 정글의 원주민들에게 떨어졌고, 해변에는 미군 비행기나 보트에서 나온 물건들이 떠밀려왔으며, 원시림에서는 낙하산이 발견되었고…… 요약하자면, 원주민들은 미군 기지를 통해서 이제껏 알지 못했던 유복함을 나눠 누리게 된 것이다.

그러나 유복함은 오래가지 못했다. 전쟁이 끝나자 미군은 사라졌고, 상자는 더 이상 떠밀려오지 않았으며, 정글이나 해변에서 식량이 발견되는 일도 없었다. 낯선 독지가가 사라졌고, 곧 부자가 되리라는 아름다운 꿈도 허공에 흩어졌다.

그 후 원주민들은 '카고컬트Cargo-Cult'라고 명명된 아주 독창적인 해결책을 찾아냈다. 활주로를 건설하고, 나무로 미군의 감시탑을 본떠 만들고, 심지어는 모조 헬멧과 나무 무기를 들고서 활주로를 따라 순찰을 돌기도 했다. 그러면서 그토록 간절히 기다리는 대형 비행기가 돌아와 사라진 유복함을 돌려주기를 기도했다.

대부분의 사람들이 그러듯이, 당신도 이 이야기를 듣고 웃는가? 하지만 다시 한 번 우리 부모님 집과 '공업단지'로 명명된 곳으로 이어지는 고속도로의 진출램프로 가보자. 공업단지를 계획한 이면에는 그 지역에 일자리를 만들려는 지역 통치자의 열망이 있었을 것이다. 일자리를 만들려면 기업이 있어야 하고, 기업을 그 지역으로 유인하려면 공업단지가 있어야 한다는 발상을 하게 된 것이다. 그래서 고속도로를 연결하고, 거대한 평지를 고르고, 어쩌면 그곳에 건물까지 몇 채 지어서 그 지역 전체를 '공업단지'라고 명명했을 것이다. 이쯤에서 카고컬트를 한번 떠올려 보시라. 어떤 생각이 드는가?

가난한 지역에 조성되는 공업단지는 구조적으로 일종의 카고컬트다. 땅을 골라 평지를 만들고, 고속도로와 연결하면, 바로 일자리가 찾아올 거라고 기대하는 것이다. 마찬가지로 그 섬들에도 미국인들이 다시 돌아올 수 있지 않았을까. 원주민들이 활주로를 건설하고, 감시탑을 만들고, 순찰까지 돌았으니 말이다. 하지만 이 경우 우리는 분명히 알고 있다. 그럼에도 불구하고 왜 미국인들이 더 이상 그곳에 가지 않는지를. 그런데 공업단지에 대해서만은 우리는 아직도 이런 생각을 하고 있는 것은 아닌가. 이렇게 고속도로 진출램프와 로터리, 그리고 거대한 평지가 잘 조성돼 있는데, 어떻게 기업가들이 열광해서 떼를 지어 몰려오지 않는가?

비즈니스 촉진을 위한 '종교적'인 해법

이처럼 기이한 사고방식이 엿보이는 또 다른 지역자치 프로젝트도 있다. 우리 고향 동네의 한 슈퍼마켓 주인은 고객들이 모두 자기를 외면하고 인근 대도시로 가서 필요한 걸 몽땅 사온다고 불평한다. 사실 우리 고향 사람들이 일상용품을 살 때 가고 싶어 하는 곳은, 자신들이 사는 도시의 시내 상점들이 아니라, 가까운 대도시의 넓은 잔디 위에 자리 잡은 거대한 쇼핑센터다. 우리 고향의 시의회 관계자라면 물론 그냥 넘기기 어려운 문제일지도 모른다. (그런데 도대체 왜 시민들이 자기가 쇼핑하고 싶은 곳에서 쇼핑을 하면 안 된단 말인가?) 그래서 대부분의 지역자치단체들이 시내에서의 비즈니스를 촉진할 수 있는 대응책을 강구하는 것이다.

그렇다면 우리의 '종교적'인 지역자치단체 정치인들은 어떤 방법을 떠올릴까? 그야 '물론' 빼앗긴 고객들을 도로 데려다줄 보행자 전용구역이다! 왜? 그 이유는 그들 고위층만의 비밀로 남아 있다. 나로서는 그저 묻고 싶을 뿐이다. 도대체 왜 시내에 화단이 몇 개 더 들어서고, 도로 이쪽에서 저쪽으로 건너가기 위해 더 이상 신호가 바뀌기를 기다릴 필요가 없다는 이유만으로 보다 많은 사람이 시내에서 쇼핑을 할 거라고 기대하는 걸까? 오히려 상점 문 앞에 바로 주차를 할 수 없게 되어, 나처럼 게으르거나 몸이 불편한 고객을 내몰 수도 있지 않을까? 실제로 시의회가 도심에 주차료를 부과했을 때 상인들은 매상이 줄었다고 불만을 토로했다.

내가 보기에는 이런 보행자 전용구역 역시 카고컬트다. 사람들이 이제껏 잘 가지 않던 시내에 보행자 전용구역을 만들었다는 이유만으로 정말 떼를 지어 몰려들까? 왜 그래야만 하지?

전후관계와 인과관계를 혼동하는 오류

이런 식의 카고컬트와 유사한 행동 이면에는 시간상 전후관계로 인한 사고의 오류가 자리 잡고 있다. 학문적으로 고상하게 말하면, 포스트 호크 에르고 프로프테르 호크post hoc, ergo propter hoc('이것 다음에, 그러므로 이것 때문에'-옮긴이)라고 한다. 풀이하자면, A라는 일이 시간적으로 B라는 사건 후에 발생했을 경우, 그 이유만으로 B가 A의 원인이라고 추정하는 오류를 말한다. 전후관계와 인과관계를 혼동하는 것이다.

태평양 섬의 원주민들은 활주로가 건설된 후에 비행기가 오는 것을 보았다. 따라서 활주로를 비행기가 출현한 원인이자 유발인자라고 추정한 것이다. 우리 고향의 보행자 전용구역도 마찬가지다. 보행자 전용구역은 늘 고객으로 붐비니까, 지역자치단체 정치인들의 눈에는 보행자 전용구역이 많은 고객을 불러오는 것으로 인식된 것이다.

그리고 또한 우리 부모님이 사는 시골의 공업단지는, 기업이 고속도로와 연결된 널따란 건축부지만 있으면 어디든지 자리를 잡는다는 궤변을 토대로 하고 있다. (거의 모든 기업이 되도록 그런 지역에 자리를 잡지만, 그렇다고 모든 고속도로 연결 지역의 모든 건축부지에 기업이 들어간다고 주장할 수는 없다.) 물론 그런 건축적인 수단으로 기업 유치를 위한 보다 좋은 전제조건을 마련할 수는 있지만, 단지 그런 조건만 충족시키면 실제로 기업이 들어올 거라고 믿는 건 순진한 발상이다. 물론 당신은 자치단체가 어쨌든 기업이 들어올 수 있는 전제조건을 조성해주는 것이 중요하다고 주장할 수 있다. 맞는 말이다. 하지만 먼저 다양한 정치적 대안의 비용과 효용성, 그리고 정치적인 부작용까지 냉정하게 고려한다면, 그렇게 많은 공업단지가 세워지는 일은 막을 수 있을 것이다.

우리 고향의 보행자 전용구역 역시 마찬가지다. 그 지역과 주변 환경을 좀 더 자세하게 들여다보았다면, 다음과 같은 점들을 분명히 발견했을 것이다. 바로 인근에 큰 도시가 두 개 있고, 자동차로 40분 거리에 가장 큰 도시 중 하나가 있다는 사실을 말이다. 게다가 우리 고향의 많은 사람이 그 큰 도시들에서 일을 하기 때문에, 그곳의 대형 쇼핑센터 중 한 곳에서 쇼핑을 하는 건 너무나도 자연스러운 일이다. 여기서 '밑줄 쫙!' 이웃의 경쟁자는 너무나 강력하고, 푸른 잔디 위에 자리 잡은 대형 쇼핑센터는 우리 고향 사람들에게 편리함을 제공해준다. 그러니 보행자 전용구역만으로 해결될 일이 아닌 것이다.

나는 우리 고향의 고위층들이 그럼에도 불구하고 보행자 전용구역을 여기저기 만들까 봐 정말 걱정스럽다. 거대한 카고컬트에 대한 신앙이 너무나도 깊고, 무엇보다도 콘크리트에 쏟아부을 돈이 자기들 돈이 아니니 말이다.

세금을 제때 내든 연체하든
왜 마찬가지일까?

"이 세상에서 확실한 것은 오직 죽음과 세금뿐이다."
– 벤저민 프랭클린 –

친구가 없다면 어떻게 살까? 내 친구 마르쿠스 아저씨가 한 박람회에서 내가 전부터 갖고 싶었던 기타 앰프를 사다 줬다. 내가 그걸 찾고 있다는 걸 알았기에(앰프가 필요한 건 음악을 연주해서 용돈 사정을 좀 개선해보려는 것이다), 그 물건을 본 아저씨는 바로 전화를 걸어주었고, 나는 바로 응낙했다. 그리고 이제 난 새로운 앰프에 어깨가 으쓱한 주인이다.

그런데 앰프 값은 아저씨가 미리 내주었고, 이제 나는 그 상환 방식에 대해 고민했다. 아저씨에게 당장 돈을 갚을까, 아니면 1년쯤 기다려달라고 할까? 며칠간 곰곰이 생각해본 나는 두 가지 방식이 완전히 똑같다는 결론에 도달했다. 이 두 상환 방식에 차이점이 전혀 없다는 것은 둘을 한 번 검토해보면 금방 알 수 있다.

즉시 상환과 1년 뒤 상환 중 나에게 유리한 것은?

우선 '대출'부터 살펴보자. 내가 앰프 값 1,000유로를 1년 뒤 아저씨에게 갚는 것이다. 아저씨는 매우 정확한 사람이기 때문에 나는 이자를 지불하기로 한다. 간단하게 이자가 10퍼센트라고 하면, 나는 연말에 1,100유로를 갚아야 한다.

연초에 내 예금계좌에 1만 유로가 있었다고 가정해보자. 그리고 앰프 덕분에 나는 연말까지 2,000유로를 번다. 따라서 연말에 내 계좌에는 그 2,000유로에, 내가 가지고 있던 1만 유로, 그리고 그 1만 유로에 대한 예금이자 1,000유로가 들어 있다. (그 2,000유로는 연말에 내 계좌에 입금되기 때문에 그에 대한 이자는 전혀 없다고 가정한다.) 모두 합치면 13,000유로가 되는데, 거기서 나는 아저씨에게 앰프 값으로 빌린 돈을 갚기 위해서 1,100유로를 인출해야 한다. 그러면 11,900유로가 남는다.

이제 다른 대안을 살펴보자. 앰프를 받는 즉시 계좌에서 1,000유로를 인출해 아저씨에게 바로 갚는 것이다. 이 경우 연말에 내 돈은 얼마나 될까? 앰프로 벌어들인 2,000유로, 내 계좌에 남아 있는 9,000유로와 그에 대한 예금이자 900유로, 모두 합치면 11,900유로다.

자, 이제 알겠는가? 앰프 값을 오늘 지불하든 1년 동안 유예하든 내 계좌에는 전혀 차이가 없다.

'영리한' 경제학자로서 나는 또 다른 생각에 도달했다. 아저씨의 돈을 하나도 갚지 않고 영원히 미룰 궁리만 한다면 어떻게 될까? 좋다, 한번 생각해보자. 앰프 값을 영원히 갚지 않고, 그러나 우리의 우정에 금이 가지 않도록 아저씨에게 매년 착실하게 이자를 지불하는 것이다. 이 경우, 연말에 나에게 남는 돈은 얼마일까? 연초에 가지고 있었던 1만 유로와 그 이자를 더한 11,000유로에 내가 번 돈 2,000유로, 도합 13,000유로 다. 거기서 100유로를 아저씨에게 이자로 지불하면, 12,900유로가 남는 다. 앞의 두 경우보다 1,000유로가 더 남았다.

그렇다면 이제 내가 더 영리해진 걸까? 전혀 아니다. 이런 계산에는 아직 한 가지 함정이 있다. 앞으로도 해마다 100유로씩 이자를 지불해야 하는 것이다. 이때 내가 해마다 100유로씩 지불할 돈으로 미리 1,000유로를 떼어놓기로 결정한다면, 연말에 나에게 남는 것은 결국 11,900유로다.

참고로, 내 친구 마르쿠스 아저씨의 입장에서는 내가 어떻게 하든 달라질 게 없다. 1년간 상환을 유예하는 첫 번째 모델에서, 그는 1년 뒤에 1,100유로를 받게 된다. 앰프를 받는 즉시 값을 지불하는 두 번째 모델에서도, 그는 내게 받은 1,000유로를 직접 투자해 10퍼센트의 이자를 받음으로써, 1년 뒤 1,100유로를 갖게 된다.

상환을 계속 유예하는 세 번째 모델에서는 약간 달라지지만, 그가 1,000유로를 직접 투자한다면 해마다 100유로의 이자를 받을 것이므로, 내가 매년 100유로의 이자를 지불하는 것과 똑같다. 유일한 차이점은 그가 자신의 1,000유로를 마음대로 쓸 수 없다는 것이다. 어쩌면 그는 그 돈을 그냥 써버리고 싶을 수도 있다. 하지만 이 또한 문제 될 것이 없다. 누군가 다른 사람에게 1,000유로를 빌려서 쓰고, 그 이자로 지불해야 할 100유로는 나한테서 받는 이자로 충당하면 되는 것이다.

세금을 언제 내는 게 내 지갑에 유리할까?

나는 과감하게 내 성찰의 결과를 아저씨에게 들려주었다.

"제가 언제 돈을 갚든, 아니면 설령 안 갚더라도 우리 두 사람에게는 모두 마찬가지입니다."

"거기 무슨 속임수가 있는 것 아니냐?"

아저씨는 당연히 그렇게 생각할 수 있지만, 기본적으로는 전혀 그렇지 않다. 다만 몇 가지 가정을 했을 뿐이다. '첫째, 아저씨와 나 둘 다 자기 돈을 같은 이율로 투자할 수 있고, 그 이율은 내가 아저씨에게 지불하는 이자와 같다. 둘째, 우리 둘 중 누가 그 돈으로 무엇을 하든 이율과 우리의 비즈니스는 전혀 달라지지 않는다.'

이런 성찰을 이어가면서 나는 아저씨와 나 사이의 이 작은 비즈니스를 좀 더 높은 차원에 적용시켜서 생각해보았다. 국가가 당신에게 돈을 원하는 경우를 한번 상상해보자. 연초에 국가가 당신에게 돈을 요구한다. 연간 세금 액수가 1,000유로로 달한다. 그에 대한 대가로 당신은 국방, 치안, 가로등 그리고 TV에서 생중계되는 국회의 논쟁 등과 같은 국가의 서비스를 받는다(이것은 앞 사례의 앰프에 해당된다). 자, 이제 당신이 국가에 세금을 내는 다양한 모델을 검토해보자.

첫째, 당장 세금을 낸다. 이 모델이 당신에게 미치는 결과는 앞 사례에서 두 번째 모델에 해당된다. 둘째, 1년 동안 미뤄두었다가 연말에 1,100유로를 낸다(국가는 1년간 다른 곳에 채무를 지고 이자를 낸다). 그 결과는 앞의 첫 번째 모델에 해당된다. 자, 이제 세금 납부 방법이 당신의 지갑에 미칠 결과를 알겠는가. 잠깐! 세 번째 모델이 빠졌다. 세금을 영원히 납부하지 않고 해마다 100유로씩 이자를 내는 방식이다(국가 또한 영원히 다른 곳에 채무를 지고 이자를 낸다).

총합은 앞의 앰프 사례에서처럼 모두 똑같은데, 정말 맥이 빠진다. 조세 의무자로서 내가 세금을 당장 내든, 1년간 연체하든, 아니면 영원히 내지 않든 내 지갑에는 하등 차이가 없는 것이다!

누가 그 돈을 더 잘 다룰 수 있을까?

앞의 사례에서도 언급했듯이, 나의 계산은 모든 당사자가 같은 이율로 돈을 빌려주거나 빚을 진다는 가정에서 출발했다. 만약 둘 중 어느 한편의 이율이 다르다면, 나의 이 멋진 셈법은 아주 불안정해진다. 내 친구 마르쿠스 아저씨(내지는 국가)가 나보다 더 낮은 이율로 빚을 질 수 있다면, 그는 그 돈으로 비즈니스까지 할 수 있을 것이다. 낮은 이율로 돈을 빌려서, 그 돈으로 내 앰프 값을 지불한 다음, 나에게 상환을 유예해주고 더 높은 이자를 받는다. 내가 그에게 지불하는 이자와 그가 지불해야만 하는 이자의 차액은 1,000유로와 함께 불어나고, 그의 수익이 된다. 반대로, 내가 아저씨에게 지불해야 하는 것보다 좀 더 낮은 이율로 빚을 질 수 있다면, 나는 그 돈을 빌려서 아저씨에게 즉시 앰프 값을 갚을 것이다. 이처럼 이율의 차이는 양쪽의 계산에 상당한 변화를 가져온다.

두 번째 가정은, 아저씨와 내가 어떤 식으로 그 돈을 사용하든 다른 조건(이율, 앰프의 가격, 내가 앰프로 벌어들일 수 있는 수익금)에는 어떤 영향도 미치지 않는다는 것이었다. 하지만 국가의 세금에 있어서는 그렇게 가정할 수가 없다. 근거는 아주 간단하다. 앰프 사례에서 나는 아저씨로부터 앰프를 사라는 강요를 받지 않았다. 하지만 국가와의 관계에서는 다르다. 원하든 원치 않든 나는 국가에 세금을 지불해야만 한다. 그런데 국가가 제공하는 서비스가 당신이 원하는 것과 다르면, 당신은 점점 과세를 피하고 싶어진다. 그런 회피 반응(불법 노동, 조세 도피, 세금 횡령 등)은 국민경제에서 국가의 효율성 상실로 이어지고, 이는 현재 우리가 겪고 있는 실업 문제의 하나의 원인으로 작용한다. 어떤 이유로든 세금 납부가 자유로워지면 참여자의 행동 방식도 변화한다. 그리고 내 계산의 결과도 달라진다.

계속해서 나는 도대체 누가 1,000유로를 더 잘 다룰 수 있는지, 혹은 총경제에 좀 더 기여할 수 있는지 질문을 던져보아야만 한다. 앞의 사례에서 나는 아저씨의 돈으로 산 앰프를 가지고 연간 2,000유로를 벌 수 있다고 가정했다. 그런데 아저씨가 그 돈으로 2,000유로 이상을 벌 수 있다면 그 돈은 아저씨에게 있는 편이 더 나을 것이다. 하지만 한번 따져보면 그러기가 쉽지 않다는 걸 알 수 있다. 나는 1,000유로의 자본 투입(앰프 구매)으로 2,000유로를 벌 수 있다고 가정했다. 투입된 자본이 두 배로 불어나는 것이다! 따라서 아저씨가 나에게 90퍼센트 수준의 이자를 부과한다 하더라도 나로서는 그 앰프를 구매하는 쪽이 유리하다. 연말에 약 1,900유로를 갚아야 하지만, 그래도 여전히 연초보다는 부자가 돼 있을 테니 말이다. 딱 100유로만큼. (여기서 내가 앰프 구매에 더해 투자해야만 하는 노동 비용에 대해서도 살펴봐야 한다.)

따라서 국가의 세금 징수에 대해 검토하는 사람들은, 국가의 수중에 그렇게 많은 돈을 주어야 할지, 아니면 개개인의 손에 맡기는 것이 더 유익할지에 대해서 질문을 던져보아야만 한다.

마지막으로, 나의 계산이 딱 1년에 맞춰져 있다는 사실에 주의해야 한다. 국가의 채무는 대부분 세대를 넘어서 형성되기 때문에, 현재의 수혜자와 미래에 그 값비싼 일탈을 갚아나가야만 하는 사람들의 범위가 다를 수도 있다. 이것은 벌써 지극히 정치적이고 감정적인 문제로 등장하고 있다.

여기서 아주 흥미로운 질문을 던져보자. 내 친구 마르쿠스 아저씨는 어떤 방법을 선택했을까? 그는 사실 내 계산에 그다지 관심을 보이지 않았다. 내가 그에게 돈을 지불하든 않든 모두 같다고 설명한 즈음에야, 그는 경제학자에게도 주먹의 힘이 통용되게 하고 싶다고 분명히 밝혔다. 그렇게 거친 생존경쟁 앞에서는 이토록 섬세한 경제학적 성찰은 조금 물러나 있어야 한다.

좋은 이웃과 사악한 세계화

> "자본주의는 인간의 가장 악한 특성이 모두의 최대 이익을 위해
> 가장 악한 일을 하리라는 놀라운 믿음이다."
>
> – 존 메이너드 케인스 –

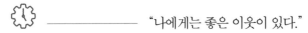 "나에게는 좋은 이웃이 있다."

내가 이렇게 이야기하면 당신은 "그래서? 그게 뭐 천지가 진동할 일인가?" 하고 의아해할지도 모른다. 하지만 나에게 이렇듯 좋은 관계는 정말 중요하다.

우리는 매일같이 신문을 교환한다. 경제학자인 나는 직업상 중앙지를 읽어야 하지만, 그렇다고 내가 사는 지역의 작은 화젯거리를 놓치고 싶지는 않다. 반면 나의 이웃은 평소에는 지역신문을 읽지만 이따금 더 넓은 세계에서는 무슨 일이 일어나는지 알고 싶어 한다. 가끔 만나 이야기하면서 서로의 필요에 대해 알게 된 우리는 협정을 하나 맺었다. 매일 하루가 끝날 무렵, 내 이웃은 우리집 문 앞에 지역신문을 놓아두고, 대신 나의 중앙지를 가져간다. 이게 다다.

두 이웃의 신문 교환은 유익하다, 그렇다면 국제무역은?

이런 협정의 효용성에 대해 회의를 품는 사람은 언제나 있기 마련이라는 걸 나도 알고는 있다. 하지만 사실을 잘 알지도 못하면서 그런 약속의 장점을 믿지 못하는 사람이 꽤 있는 것 같다.

여기서 한 가지 분명히 해두자. 두 당사자의 자유의사를 통한 신문 교환은 유익하다, 당신도 동의하는가? 그러면 한 걸음 더 나아가보자. 두 당사자 사이에 어떤 재화의 자유로운 교환은 항상 의미가 있다, 이 말 역시 유효한가?

이웃집 부인과 협정을 맺어 내가 직접 증류한 체리주를 그녀가 직접 구운 맛있는 케이크 몇 조각과 교환하기로 했다. 이것이 우리 모두에게 좋은 일이라고 당신도 생각하는가? 나는 그렇게 생각한다. 사소한 친절은 어떤가? 내가 이웃의 잔디 깎기를 맡고, 대신 그녀는 이따금 내 설거지를 맡는다. 이 역시 사실은 좋은 일이다. 그렇지 않은가?

이런 사례들에 대해 대부분의 사람들은 나와 같은 생각일 것이다. "두 당사자 사이에서 재화나 서비스를 자유롭게 교환하는 것은 늘 좋은 일이다!" 이 말은 그런 교환이 자유롭게 일어난다는 사실에서부터 이미 '참'으로 드러난다. 둘 중 어느 한편이 이런 비즈니스에서 불이익을 당하고 있다고 느낀다면, 그들은 즉시 교환을 중단할 테니까.

그런데 그럼에도 불구하고 그런 협정이 유익하다는 사실에 회의를 품는 사람들이 종종 있다. 내가 보기에는 그렇게 생각하는 사람이 아주 많은 것 같다. 왜 그런 생각을 하게 되었을까? 아주 간단하게, 서점에 가

보면 알 수 있다. 세계화의 해악에 대한 책을 늘어놓으면 좋이 몇 미터는 될 것이다. 세계화는 분명 대중의 심기를 거스르는 것 같다. 그렇지 않다면 그런 책들이 그렇게 잘 팔리겠는가? 서점에서 독자들은 사악한 세계화에 대한 그들의 편견이 입증되고 있다고 느낀다. 세계화는 나쁘고 전 세계에 빈곤과 파멸을 가져온다는 것이다. (주목할 만한 것은, 이런 책들이 거의 전적으로 비경제학자들에 의해 쓰였다는 것이다. 비엔지니어가 쓴 엔지니어 전문 서적을 당신은 얼마나 알고 있는가? 게다가 이들 비경제학자들은 계속해서 우리 경제학자들이 이념과 이론에 있어서 틀렸다고 주장한다. 그렇다면 우리의 모든 연구는 잘못된 투자임에 틀림없다. 공부를 하지 않은 비평가들보다 우리가 더 잘 알지 못한다니 말이다.)

나의 이웃에게 물어보면, 그녀 역시 세계화에 대해서는 다른 사람들과 같은 의견일 것이다. 하지만 그녀는 나와의 신문 교환 협정은 계속 유지할 것이고, 그 약속이 우리 둘에게 모두 유익하다는 데 동의할 것이다.

국제무역은 정말 '착취'인가?

나와 이웃의 신문 교환 협정과 두 국가 사이의 무역관계에는 어떤 차이가 있을까? 두 경우 모두 서로 필요한 재화를 교환하는 것이다. 개인 차원에서 모든 사람은 분업의 장점을 이해하고 받아들이지만, 국가 간으로 확대되면 그런 유익성이 갑자기 사라지는 것처럼 보이는 모양이다. 그런데 국가 간의 분업에서도 특별히 비난받을 점을 나는 발견할 수가 없다. 그래서 나는 그런 항변들을 좀 더 자세히 살펴보기로 했다.

가장 먼저 살펴볼 항변은 '국제무역은 착취'라는 주장이다. 개발국가들은 그들의 상품을 그 재화의 진정한 가치에 맞지 않는 가격으로 선진 공업국에 판매해야 하는 압박을 받고 있다는 것이다. 그런데 나로서는 이해가 되지 않는다. 그것도 여러 가지 근거에서.

첫째, 어떤 재화의 진정한 가치란 도대체 무엇인가? 경제학자들은 시장가격을 중시한다. 그리고 국가 간에도 제품의 교환이 자유롭게 일사천리로 진행되고, 어떤 개발국가도 그들의 제품을 그런 가격에 판매하라는 압박을 받지 않는다. 따라서 이 주장은 힘이 없다. 나와 이웃의 교환이 자유롭게 이루어지는 한, 우리 중 누구도 상대방의 희생으로 다른 사람이 풍요로워지고 있다는 주장을 할 수는 없다. 우리 중 누구도 상대방의 제안을 거절할 수 있기 때문이다. 따라서 오히려 양편 모두 풍요로워졌다고 주장할 수 있을 것이다.

'개발국가에 불리한 교환'이라는 이 항변은 다른 관측에서 기인한 것은 아닐까? 일반적으로 개발국가들은 노동집약적인 상품을 많이 수출하는데, 이런 상품들은 대개 값이 싸다. 이들 나라에서는 노동력이 아주 풍부하기 때문에 노동이 값싸고, 그 노동으로 생산된 재화들도 역시 값이 싼 것이다. 많은 사람이 인식하기에, 어떤 재화의 가치는 그와 결합된 노동 비용을 통해서 결정된다.

개발국가들에서는 하루에 열 시간씩 카펫을 짠다고 한다. 우리는 대부분 이런 사실에 대해 안타깝게 생각한다. 하지만 이것은 그들이 선진 공업국에 의해 그렇게 하도록 강요받았기 때문이 아니라, 그들의 경제가 다른 돈벌이의 가능성을 제공해주지 못했기 때문이다. 그리고 선진공업국들이 그런 재화에 대해 더 많은 돈을 지불할 용의가 없는 건, 그보다 더 비싼 가격에 거래하는 것은 손해라고 느끼기 때문이다.

세계화가 정말 우리 모두를 가난하게 만들까?

세계화에 반대하는 두 번째 주장은, 그것이 우리 모두를 가난하게 만든다는 것이다. 하지만 나는 그런 주장을 도무지 이해할 수가 없다. 우리의 소박하고 작은 교환 비즈니스에서 도대체 무엇이 내 이웃과 나를 더 가난해지도록 몰아간단 말인가?

세계화를 비판하는 사람들의 주장은 다음과 같다. 개발국가에서는 노동력이 너무 싸고, 그들이 세계 시장에 저렴한 상품을 과잉공급하기 때문에 가격이 전반적으로 하락하고, 이는 결국 임금 하락으로 이어진다는 것이다. 이런 주장을 보면 항상 두 가지가 기이하다. 첫째, 이들은 늘 경쟁의 효율성을 불신한다. "완전경쟁은 존재하지 않는다. 따라서 경쟁과 관련된 경제학자들의 결론 역시 틀렸다"고 주장한다. 좋다, 완전경쟁의 존재에 관한 한 아마도 모든 경제학자가 그런 의견에 동의할 것이다. 하지만 존재하지도 않는 완전경쟁이 어떻게 국제무역에서 전 세계를 몰락시킨단 말인가? (빈곤화 테제의 이면에는 바로 국가 간의 완전경쟁이 세계의 빈곤화로 이어진다는 견해가 담겨 있다.)

하지만 우리가 이런 주장을 무시한다고 해도, 빈곤화 테제에서 나를 괴롭히는 게 한 가지 더 있다. 왜 이웃과 교환거래를 하는 것이 나를 가난하게 만든다는 것인가?

나는 이웃과 교환거래를 하고부터는 더 이상 직접 케이크를 굽지 않는다. 내가 직접 고생하면서 케이크를 굽는 것보다는 체리주를 한 병 더 증류해서 교환하는 게 나로서는 케이크를 더 싸게 얻을 수 있는 방법이기 때문이다. 이런 거래는 나를 더 가난하게 만드는 것이 아니라, 더 부유하게 만든다. 나는 내가 훨씬 더 잘할 수 있는 체리주를 더 많이 증류함으로써 부족한 제빵기술을 보충할 수 있다. 나의 이웃 역시 더 부유해진다. 그녀는 자신이 직접 체리주를 증류할 수 없기 때문이다.

무역에 있어서 중요한 것은, 우리가 특정한 재화를 더 이상 직접 생산하지 않고 외국에서 가져온다는 것이다. 파인애플의 경우, 우리가 그걸 직접 재배할 수 없다는 사실이 적나라하게 드러나지만, 다른 재화의 경우 우리의 이성은 분명 그에 대해 저항을 하는 모양이다. 그런데 여기 또 하나 분명한 것이 있다. 우리가 이제는 외국에서 가져오기 때문에 더 이상 생산하지 않는 몇몇 재화가 있지만, 대신 다른 재화들은 더 많이 생산해서 외국과 교환할 수 있다는 것이다.

국제무역의 목적은 일을 더 많이 하려는 게 아니다

이런 논증으로 분명히 해둬야 할 게 몇 가지 더 있다. 우리는 일자리를 창출하기 위해서 국제무역을 하는 것이 아니다. 토론을 하다 보면(특히 정치에서) 자주 듣는 말이, 일자리를 창출하려면 수출을 많이 해야 한다는 것이다. 내 이웃과의 사례를 든 것은, 국제무역은 그 원래의 목적이 좀 더 많이 일을 하는 데 있는 것이 아니라, 낯선 재화를 획득하는 데 있음을 분명히 하기 위해서다. 내가 체리주를 한 병 더 증류하는 것은 더 오래 일을 하기 위해서가 아니라, 그걸 케이크와 교환하기 위해서다.

국제무역의 목적은 오히려 일을 더 적게 하기 위한 것이다. 한번 생각해시보라. 한 나라의 수출과잉(우리 정치인들은 이걸 보고 늘 일자리 창출이라고 평가하며 좋아한다)은 내가 이웃에게 몇 병의 체리주를 양도했지만 그에 대한 대가로 케이크는 받지 못한 상황으로 비유할 수 있다. 내가 체리주를 준 것은 케이크를 받기 위함이었듯이, 수출을 하는 것은 수입품을 받기 위함이다.

수출은 기본적으로 국제무역의 어두운 면이다. 수출로 수입을 지불하는 것이기 때문이다. 사실 우리는 무역수지 적자를 기뻐해야 한다. 그것은 다른 세계가 우리에게 신용으로 물건을 압도적으로 많이 넘겨주었다는 의미이기 때문이다. 그리고 우리가 수입품을 수출품으로 갚을 필요가 없다면, 우리의 무역 파트너가 무역수지 흑자는 일자리를 창출하기 때문에 자신들에게 좋다는 잘못된 전제에 굴복한 것이기 때문에, 우리는 그런 수입품을 선물로 받아들여도 좋을 것이다.

이런 성찰에 대해서 세계화를 비판하는 사람들은 또 다른 주장을 제기한다. 어떤 나라가 모든 재화를 전 세계 나머지 국가들보다 더 싸게 생산할 수 있다면, 그렇게 싼 재화로 시장을 압도할 수 있다면 어떻게 하겠느냐는 것이다. 전 세계적으로 임금 수준이 하락하고 다른 국가들은 가난에 빠지지 않겠느냐고 묻는 것이다.

이런 시나리오가 실현된다면, 정말 그런 걱정을 해야 될지도 모른다. 하지만 그런 일은 일어나지 않는다. 경험적으로는 오히려 수출이 증가한 결과 수출 국가의 임금 수준이 향상되는 것을 목격할 수 있다. 그런 예로 홍콩이나 싱가포르가 있는데, 이들 국가에 대해서 20년 전에는 그 저임금으로 유럽인들을 몰락시킬 것이라고들 예측했었다. 오늘날에는 이들 국가에서조차 다른 나라들의 저임금 경쟁에 대해서 우려하고 있다.

한번 생각해보시라. 내가 케이크를 구울 줄 안다고 해도 계속해서 그녀에게 케이크를 받는 것이 더 유익할 것이다. 내가 어쩌면 그녀보다 케이크를 잘 구워낼 수 있을지는 모르지만, 그래도 체리주는 내가 그녀보다 훨씬 잘 증류할 수 있기 때문이다. 따라서 나는 체리주 증류에만 전념하고 그렇게 완벽히 통달하지는 못한 케이크 굽기는 이웃에게 맡기는 것이 유익하다. 그렇게 해서 보다 많은 체리주를 생산하고, 그것을 케이크와 교환하면 되는 것이다. 이것을 사람들은 소박하게 '전문화'라고 부른다. 내가 누군가와 교환관계에 서 있는 한, 두 파트너가 각자 어떤 일에 전문가가 된다면, 그것은 언제나 의미가 있다. 그럼으로써 양쪽 모두 이익을 보게 될 테니 말이다.

이 모든 생각은 내 이웃이 지역신문을 우리집 문 앞에 갖다놓는 동안 머릿속을 스쳐지나갔다. 표지에는 아주 큼직하게 어떤 거물 정치인이 세계화의 부정적인 결과를 경고하고 있다는 기사가 실려 있다. 이 불쌍한 사람은 아마 이웃이 없는가 보다.

선행의 경제학적 가치

"경제학자는 냉철한 이성을 지녀야 한다. 그러나 따뜻한 가슴을 잊지 말아야 한다."
− 앨프리드 마셜 −

프랑크푸르트의 은행가를 지나가다 보면, 종종 낮에만 다녀야 할 것 같은 구역이 나타난다. 그리고 거의 필연적으로 누군가 발을 질질 끌며 다가와 돈을 요구한다. 나는 대개 각오를 단단히 하고 주머니에 동전 몇 개를 넣은 다음에야 그 골목으로 들어선다. 이쯤에서 당신은 그럴 줄 알았다며 미소를 지을지도 모르겠다. 아무리 경제학자라도 그렇게 비경제적으로 행동할 때가 많다면서 말이다.

정말 그럴까? 나는 정말 비경제적으로 행동한 걸까? 나는 오랫동안 내가 왜 그렇게 '비경제적'으로 보일 수도 있는 행동을 하는지, 누구한테 어떤 목적으로 돈을 써야 '경제적'일지에 대해 깊이 생각해왔다. 그리고 그에 대해서 몇 가지 견해를 갖게 되었다. 물론 내 견해를 인정해주는 사람은 그다지 많지 않을 테지만…….

기부는 정말 비경제적인 활동일까?

자발적인 기부는 분명 냉정한 경제학자들을 당황스럽게 만들 것이다. 여기 대가를 받지도 못하면서 아무한테나 돈을 막 쓰는 사람이 있다. 얼마나 비경제적인 일인가? 얼핏 보면 정말 그런 것 같지만, 주의 깊은 경제학자들은 좀 다른 질문을 던질 것이다. 기부가 자발적으로 이루어지고 있다면, 그것이 어떻게 상황을 더 나쁘게 만들 수 있단 말인가? 아무도 자발적으로 자신의 상황을 악화시키지는 않는다. 그렇지 않은가?

물론 우리는 그 사람이 비이성적이었다고 주장할 수 있고, 그러면 더 이상 논쟁의 여지는 없다. 하지만 그건 너무 단순하다. 기부행위에 뭔가 이성적인 요소는 없을까? 곰곰이 생각해보면, 기부를 하는 사람 또한 기부를 통해 뭔가 대가를 얻는다는 걸 알 수 있다. 그렇지 않다면, 즉 대가가 전혀 없다면 어떻게 자기 돈을 그렇듯 흔쾌히 쓸 수 있단 말인가.

그렇다면 기부자들이 얻는 대가란 무엇일까? 첫 번째로 드는 생각은, 감사를 받으면 기분이 좋아진다는 것이다. 기부를 하면 자신이 좋은 일을 했다는 뿌듯한 감정을 느낄 수 있다. 또한 기부를 받은 사람의 감사와 주변 사람들의 칭찬이라는 보답을 받는다. 설령 받는 사람이 감사할 줄을 몰라 돈만 냉큼 집어들고 사라진다고 해도, 자신이 누군가를 도와주었다는 벅찬 감정은 그대로 남아 자존감을 높여준다.

두 번째로 드는 생각에는 '감정의 면죄부'라는 제목을 달 수 있을 것 같다. 사람은 누구나 자신보다 불행한 사람을 보면 양심의 가책을 느끼며, 그런 감정 때문에 자신의 행복을 기꺼이 나눌 마음을 먹게 된다. 낮선 사람에게라도 말이다. 크리스마스 때 기부하고 싶은 마음이 한껏 높아지는 것도 바로 이런 감정 때문이다. 자신의 생활이 아름답고 조화로운 시간에는 그렇게 지내지 못하는 사람들에 대한 양심의 가책이 심해지는 법이다. '감정의 면죄부'를 제공하는 사람들 역시 그런 요구에 반응한다. 휴가철이 되면 도로에 걸인들의 수가 일반적으로 뚜렷이 증가한다. 그들도 '기부의 즐거움'이라는 경제학을 이해하고 있다는 증거다. 하지만 기부를 함으로써 내가 다른 사람들보다 더 잘 지내고 있다는 양심의 가책을 가라앉힐 수 있다는 가설은 기본적으로는 위험한 생각이다. 거꾸로 잘못 이해하면, 나보다 더 잘 지내는 사람에게서 돈을 받아도 된다는 핑계로 이용될 수도 있기 때문이다.

세 번째로 드는 생각은, 자선은 많은 사회에서 이미 확고한 규범으로 자리를 잡아왔다는 사실이다. 부가 불균등하게 분배돼 있는 사회는 언젠가는 그 내적인 긴장으로 인해 붕괴할 수 있다. 자선은 이런 긴장을 완화시키는 데 도움을 주는데, 이런 사실 역시 자선의 동기가 될 수 있다. 흥미로운 것은, 수치를 통해 비교해봤을 때, 한 사회 안에서의 재분배는 그 사회의 부가 증가할수록 향상된다는 사실이다. 이는 재산이 늘어나면 기부를 할 마음과 돈도 증가한다는 의미가 될 수 있다. 가진 사람들이 보다 가벼운 마음으로 기부를 할 수 있게 되는 것이다.

자선과 기부가 그 사회의 구성원 누구에게나 하나의 규범으로 자리를 잡고 있다면, 누구나 자선과 기부의 기쁨을 누릴 수 있다는 뜻이다. 어쩌면 자선 대상에 속하는 사람들까지도 말이다. 이 지점에서 자선이라는 사회적 규범은 집단적인 보험으로 탈바꿈한다. 가진 사람들은 언젠가 자신도 이웃의 자선에 의지하게 될지 모른다는 생각으로 기부를 할 수도 있는 것이다. 이때 기부는 이른바 힘든 시기를 대비한 보험인 셈이다.

누구에게 어떻게 기부를 해야 가장 '경제적'일까?

좋다! 그래서 나는 기부를 하기로 결심했다(동기야 어떻든 상관없이). 하지만 여전히 한 가지 문제가 남는다. 어떻게 기부를 해야 가장 유익할 것인가? 누구에게 기부를 해야 한단 말인가?

"기본적으로 나는 노숙자들에게는 아무것도 주지 않는다. 그들은 그걸 다 알코올에나 써버릴 테니까."

종종 듣게 되는 대답이지만, 내가 보기에 이런 식의 접근은 문제가 있다. 물론 많은 노숙자가 알코올중독증이 있고, 기부가 그런 중독을 지원하고 있는 건 사실이다. 하지만 기부란 그 돈을 받는 사람이 잘 지내도록 하는 것이다. 그가 맥주 한 잔으로 잘 지낼 수 있다면, 그것으로 기부의 목적은 달성한 셈 아닐까? 명확한 답을 찾기는 어렵지만, 이렇게 생각할 수는 있지 않을까. 조건을 단 기부는 관대함을 상실한 것 아닐까?

어떤 사람들은 기부는 한 인간의 중독을 촉진하기 위한 것이 아니라고 주장할 수도 있다. 또 어떤 사람들은 내가 기부한 돈이 곧장 술 한 잔으로 바뀐다고 해도, 어쨌든 그 사람의 재정적인 부담을 덜어준다고 주장할 수도 있다. 내가 5유로를 주면 그는 5유로만큼 더 부자가 된다. 물론 그가 이 돈을 가지고 그대로 가게로 갈지도 모른다. 하지만 내가 5유로를 주지 않았어도 그는 가게에 갔을 테니까, 계산상으로는 그는 여전히 내가 준 5유로만큼 더 부자다. 그 돈은 술로 바꾸지 않아도 되는 것이다. 물론 그 5유로를 가지고 빵이 아니라 술을 한 병 더 산다고 반박할 수도 있다. 그렇다면 특정한 재료나 물품 교환권을 선사하는 방법이 아직 남아 있다. (그러나 갈증이 아주 심하다면, 그는 이것 또한 '황금액체'로 교환하려 들 것이다.)

또 한 가지, 아주 어려운 질문이 기다리고 있다. 기부를 해주어서는 안 되는 사람이 있는가, 있다면 어떤 사람인가 하는 문제다. 많은 사람이 기부를 하면서 속지 않기 위해 조심한다. 아무도 자신의 친절이 다른 사람에게 이용당하기를 원치 않기 때문이다.

내가 아는 한 사람은 한동안 시내에서 사업을 했지만 그렇게 번창하지는 못했다. 그래서 많은 시간 독서를 하거나 주변을 관찰하면서 보냈다. 그런데 어느 날 재미있는 걸 발견했다. 맞은편 도로에 자리를 잡은 걸인이 일을 하고 있는 자신보다 훨씬 더 부자라는 것이었다. 그런 상황을 알았다면 사람들이 기꺼이 그 '부유한 거지'에게 기부를 했을까?

사람들은 누군가에게 기부를 할 때 그 사람이 뭔가 조직적으로 '사업'을 하고 있다는 느낌을 받으면 기부를 꺼리게 된다. 우리는 종종 대도시의 도로에서 여인이 어린아이를 데리고 나와 지나가는 사람들에게 돈을 구걸하는 모습을 보게 되는데, 좀 더 자세히 관찰해보면 멀지 않은 곳에서 남편인 듯한 사람이 천천히 따라 걸으면서 이 모든 것을 감시하는 모습을 볼 수 있다. 이런 사람에게 기부를 해서 그들이 이런 '사업'을 계속하도록 격려해야 하는 걸까? 대부분의 사람들은 고개를 저으며 내밀던

손길을 거둬들일 것이다.

이 가난한 가족에게 다른 생계수단은 없는 걸까? 왜 온 가족이 나서서 함께 구걸을 하지 않는 걸까? 그 대답은 바로 '경제적'인 데 있다. 아이가 있는 여인에게 기부를 하는 것이 남성에게 하는 것보다 훨씬 큰 기쁨을 안겨준다는 걸 이들도 아는 것이다.

기부 딜레마에서 벗어나는 세 가지 방법

자신의 친절이 이런 식으로 이용되는 게 불편한 사람들은 상대방이 기부가 꼭 필요한 사람인지, 아니면 구걸을 '사업'으로 삼는 사람인지를 잘 구별해야 한다. 문제는 이런 '고객'을 구분하기가 쉽지 않다는 것이다. 우선 한 가지 방법은, 우편엽서 등의 물건을 판매하면서 뭔가 할 의지가 있음을 보여주는 사람들을 도와주는 것이다. 하지만 이런 메커니즘 역시 조직적인 일당에게 이용될 소지가 있다. 이런 사람들은 자기가 직접 만든 물건을 술집 테이블 위에 올려놓고 양심의 가책에 호소한다.

여기서 우리는 다시 질문을 던져야 한다. 조직된 자선기구에 기부를 해도 될까? 장애인들이 운영하는 공장처럼 건실한 조직이라면, 전과자들을 이해해달라면서 잡지 구독을 강요하는 집단과는 다를까?

기부 딜레마에서 벗어나는 또 다른 해결책은, 유명한 후원자가 광고하는 자선조직에 기부하는 것이다. 유명한 후원자는 진실을 약속한다. 자신의 명성을 망치면서까지 수상쩍은 조직에 기부를 하라고 광고를 할 사람은 없을 테니 말이다. 하지만 이때에도 우리는 질문을 던져야 한다. 그 유명인은 그 조직의 목적과 실제 기금 사용에 대해 과연 제대로 알고 있을까? 영민한 사기꾼들은 종종 자신이 뭘 광고하는지도 잘 모르는 유명인들을 광고에 끌어들임으로써 이런 메커니즘을 이용하려 들기 때문이다.

친구와 장시간 토론을 하면서 나는 교회의 멤버십 역시 많은 사람에게 기부 딜레마에서 벗어나는 해결책의 하나로 여겨진다는 사실을 발견했다. 자신이 낸 교회기금이 어떤 조직으로 흘러들어가는지 알고 있고, 그 돈이 제대로 이용되는지 걱정할 필요가 없다면, 기부는 조직적으로 (매달 기부하는 식으로) 정착될 수 있다. 교회의 멤버십은 매달 어디서 얼마나 누구에게 기부해야 할지 새롭게 걱정할 필요가 없도록 해줌으로써 우리의 시간과 노력을 덜어준다.

이런 성찰은 왜 그렇게 많은 사람이 교회 안에서 그다지 많은 접촉을 하지 않으면서도 계속 교회에 적을 두고 있는지에 대해 작지만 명쾌한 설명을 제공한다.

'착한' 사람이 되는 게 그렇게 쉬운 일은 아니라는 걸, 우리의 기부는 이따금 낯선 사람뿐만 아니라 우리 자신까지도 따뜻하게 해준다는 걸 우리는 알고 있다. 그러니 기부는 비경제적인 활동이 아니다. 그럼에도 불구하고 우리는 종종 아주 비경제적인 동기에서도 기부를 할 수 있고 또 그래야 한다. 그건 인간 본성에 속하는 일이니까.

세금을 내는 사람과 선물을 받는 사람

"어떤 상황에서건, 어떤 이유에서건, 어떤 계기로건,
가능하다면 세금은 줄여야 한다."

– 밀턴 프리드먼 –

종종 너무 복잡하게 뒤얽혀 있어서, 또는 여러 가지 측면이 너무 많이 포개져 있어서, 노련한 경제학자에게도 첫눈에 규명되지 않는 메커니즘과 상황이 있다. 그런 경우, 나는 문제를 선명하게 인식하기 위해 다음과 같은 단순한 방법을 이용한다.

우선, 해당 상황을 극단적으로 긴박하게 몰아가면 어떤 일이 일어날지 곰곰이 생각해본다. 예를 들어, 누군가 세금이 일할 의욕을 꺾어버릴 수 있다고 우려할 때는, 만약 세율이 100퍼센트라면 어떤 일이 일어날지 상상해보라고 권한다. 그렇게 하면 일반적으로 세금과 인센티브 사이의 기본적인 연관성이 분명히 드러난다. 생각을 정반대 방향으로 몰아갈 수도 있다. 정부가 갑자기 국민들에게 엄청난 선물을 나누어준다고 상상해보는 것이다.

정부가 국민들에게 공짜 자동차를 나눠준다면?

정부가 엄청난 재정흑자를 이룬 데 도취한 나머지 국민들에게 자동차를 선물하기로 결의했다. (오래전 이와 비슷한 실험이 구소련에서 실제로 진행되었다. 모스크바 전역에 자동차를 세워놓고, 교통수단이 필요한 사람은 누구나 그 자동차를 사용하고, 다 쓴 다음에는 그냥 다시 도로에 세워놓도록 한 것이다. 이와 같은 초기 사회주의의 실험 결과에 대해서는 차라리 침묵과 박애의 망토를 씌워두는 편이 나을 것이다.) 전국 방방곡곡이 환호하고, 시민들은 모두 자신의 새로운 이동수단에 기뻐한다.

하지만 이 모든 일이 규칙 없이 진행된 건 아니다. 첫째, 정부는 운전면허증이 있는 사람들만 자동차를 받을 수 있다고 규정한다. 이 대목에서 분명 첫 번째 고함이 터져나올 것이다. 그럼 운전면허증이 없는 사람들은? 자동차를 좋아하지 않아서, 혹은 시각장애인이어서, 혹은 기타 다른 이유로 운전을 할 수 없는 사람들은? 이런 사람들이 전부 정부청사로 몰려가 큰 소리로 보상을 요구한다. 운전면허증 소지자에게 자동차를 준다면 자신들에게도 어떤 방식으로든지 동등한 선물을 달라고 말이다.

정부는 바로 두 번째 문제에 봉착한다. 차 값이 들지 않기 때문에 점점 더 많은 사람이 면허를 따서 자동차를 받으러 오는 것이다. 공짜 교통수단에 대한 수요가 폭발한다. 그리고 운전을 제대로 못하는 사람들이, 자신이 운전을 제대로 못한다는 사실을 분명히 알면서도 자동차를 받으러 찾아온다. 또 점점 더 많은 사람이 이 공짜 교통수단을 함부로 다루고, 길거리는 폐차로 넘쳐난다.

여기서 다음 문제가 발생한다. 공짜 자동차에 대한 이처럼 격렬한 수요 때문에 정부의 돈이 차츰 바닥나는 것이다. 그 결과, 공짜 자동차는 점점 더 품질이 떨어진다. 정부가 비용을 절감하려고 애쓰기 때문이다. 그래서 이제 시위의 물결이 닥친다. 품질이 나쁜 차를 받은 사람들이 정부청사 앞으로 몰려와 계속해서 공짜 리무진을 공급하라고 요구하는 것이다. 이제 선루프나 카오디오는 직접 사라는 말은 꺼내지도 못한다.

무료 대학교육의 학비는 실제로 누가 지불하나?

이런 시나리오가 허무맹랑하게 느껴지는가? 그렇지 않다. 해마다 독일 정부는 선택된 일부 국민에게 고급 승용차를 느긋하게 몰 수 있을 정도의 가치를 선사해왔다. 그런데 이제 그 수혜자들이 정부가 더 이상 그런 혜택을 주지 않는다며 저항하고 있다. 가장 이상한 건, 아무도 이런 상황이 허무맹랑하다고 생각하지 않는다는 것이다. 또 이런 '선물'의 값을 자신의 세금으로 지불하면서 정부로부터는 사실 아무것도 받는 것이 없는 사람들이 단 한 번도 저항을 하지 않는다는 것이다.

앞에서 예로 든 자동차 사례만큼이나 아주 터무니없어 보이는 일들이 독일 정부의 대학교육 정책에서 똑같이 벌어지고 있다. 그 유사성을 밝히기 전에, 우선 대학교육이란 무엇인지 살펴볼 필요가 있다. 요즈음 독일에서 대학교육이란 졸업 후 보다 높은 수입을 얻을 수 있는 기회를 잡기 위한 방법이다. 비싸고 특별한 교육을 받을수록 졸업 후 돈을 많이 벌 수 있는 가능성이 그만큼 커진다.

요약하자면, 대학교육은 현금과 같은 가치를 지니며, 이런 혜택은 전적으로 그 교육을 받은 사람들의 몫이다. 그들은 대학교육을 받지 않은 사람들보다 더 많은 연봉을 기대할 수 있다.

바로 이런 점에서 무료 대학교육과 공짜 자동차는 유사하다. 둘 다 소유자의 효용성 혹은 소득을 높여주는 유가물인 것이다. (교육은 물론 눈에 보이는 물체가 아니지만, 지금 우리가 논의하는 중요한 경제적 특성, 즉 효용성과 소득의 향상에는 그 점이 아무런 영향도 미치지 않는다.)

자동차는 소득을 발생시키지 않는다는 항변은 다음과 같은 점에서 너무 근시안적이다. 첫째, 자동차를 받은 사람은 예를 들어 택시회사를 만들 수 있다. 둘째, 지금 전적으로 문제가 되는 것은 그 선물(자동차 혹은 무료 대학교육)이 받은 사람의 효용성을 높여주느냐 하는 것이다. 높아진 게 소득의 형태인지 아니면 기동성인지는 전혀 중요하지 않다.

두 번째로 중요한 점은, 공부할 장소가 학생들에게 무료로 제공된다는 사실이다. 앞에서 예로 든 자동차처럼. 계산해보면, 독일 정부가 학과에 따라서 지원하는 학비는 4만~10만 유로다. 이 돈이 바로 정부가 학생들에게 주는 선물이다. 그리고 지금 값비싼 무언가가 선사되고 있다는 명백한 증거도 있다. 바로 독일 대학들의 북적거리는 강의실, 교수 부족, 불충분한 장비 등. 자동차 사례에서와 똑같다. 너무 많은 학생이 무료 교육을 원한다. 그것이 자기 자신에게 지니는 가치를 알고 있기 때문이다. 너무 많은 학생이 대학으로 몰려들고 있지만, 정부는 빈약한 재정 때문에 열악하고 값싼 장비를 제공할 수밖에 없다. 바로 이것이 값비싼 무언가를 선사할 때 일어나는 일이다. 누구나 손을 뻗고 과도하게 사용하는 것이다.

우리는 앞의 자동차 사례에서 많은 사람이 운전을 제대로 할 줄 모르면서도 공짜 자동차를 원한다는 것을, 그러다 어느 순간 길거리에 자동차가 잔뜩 서 있게 된다는 것을 알았다. 학교에서도 마찬가지다. 다른 점이 있다면, 자동차가 아니라 학생들이 길거리에 늘어서 있을 뿐이다. 값비싼 대학교육을 무료로 받을 수 있다는 점이 많은 젊은이들을 유혹했지만, 사실 그들 중 일부, 어쩌면 대부분은 공부에 적합하지 않거나, 대학이 너무나 북적거려 공부를 포기해버렸거나, 사실 학문의 길에는 별관심이 없었거나, 아니면 전적으로 재미삼아 아무 생각 없이 대학에 온 사람들이다. 그들은 모두 정부의 공짜 제안 때문에 개인적으로 옴짝달싹할 수 없게 되었다. 결과적으로 양쪽 모두 시간과 돈을 허비하고 있는 셈이다.

자동차 사례의 또 다른 세부사항도 여기에 완전히 들어맞는다. 자동차 사례에서는 운전면허증 소지자만 자동차를 받았다. 시각장애인, 산책을 즐기는 사람, 자동차를 혐오하는 사람들은 빈손으로 돌아갔다. 무료 대학교육도 마찬가지다. 입학시험에 합격한 사람만이 5만 유로짜리 공부할 자리를 선물로 받는다. 뤼셀스하임에 있는 오펠사의 노동자는 아무것도 받지 못할 뿐만 아니라, 세금을 냄으로써 고등학교 졸업생들의 학비까지 지불한다. 그냥 공부가 하기 싫은 사람 역시 운이 없기는 마찬가지다. 그 또한 대학교육 학비를 지불하지만, 그 혜택은 받지 못한다.

무료 대학교육의 그림자와 대안

무료 대학교육을 옹호하는 사람들은 항상 이런 선물의 정당성을 찬양한다. 하지만 우리는 조금 더 깊이 살펴볼 필요가 있다. 먼저 '정당성'이라는 개념에서 시작하자. 나는 정당성에 대해서 사람들이 생각하는 것 중 하나는 어쨌든 잘못되었다고 생각한다. 논리적으로 일관된 근거를 찾지도 못하면서, 특정한 국민 그룹이 다른 일부 국민의 비용으로 선물을 받는 것은 정당하지 못하다는 것이다.

당신이 무료 대학교육을 찬양한다면, 예를 들어 심리치료사들은 왜 엄청나게 비싼 교육비를 스스로 지불해야 하고, 신학자들은 왜 무료로 교육을 받는지 설명할 수 있어야 한다. 왜 뤼셀스하임에 있는 오펠사의 노동자는 공부를 좀 더 하려면 비싼 돈을 지불해야 하고, 고등학교 졸업생들은 그 비싼 수업료를 선물로 받는가? 그에 대한 '정당한' 근거를 당신은 찾을 수 있겠는가?

경제학자라면 왜 대학입학자격시험 혹은 입학정원제가 그런 시스템에 필요한지 설명할 수 있을 것이다. 입학이 제한되지 않으면(운전면허증 소지자로 제한하지 않으면), 모두들 무료 대학교육(자동차)을 받으러 덤벼들 것이고, 정부는 결국 '선물'을 살 돈이 바닥날 것이다. 그러니 누구나 공짜 선물을 받지 못하도록 장애물을 세워야 하는 것이다.

대학교육을 '정당'하게 '선사'할 수 있는 유일하게 올바른 방법은, 모든 국민에게 고등학교 졸업 여부, 혹은 개인적인 능력에 상관없이 일정량의 무료 교육을 받을 수 있는 권리를 제공하는 것이다. 오펠사의 노동자가 학문 엘리트들과 나란히 서고 싶어 한다면, 대학교육과 똑같은 비용을 들여 그가 공부할 수 있는 길을 제공해야만 할 것이다. 다만 그런 돈을 누가 지불할 것인가, 먼저 자문해보아야 한다.

결과적으로, 그 비용을 다 지불할 수 없기 때문에 입학 제한이 필요하지만, 누구는 선물을 받고 누구는 돈을 지불해야만 하는지를 자의적으로 결정해서는 안 된다. 자동차 사례에서 시각장애인이나 자동차를 혐오하는 사람들이 손해를 본 것처럼, 여기서는 공부를 할 능력이나 공부에 대한 관심이 없는 모든 사람이 손해를 보게 된다. 상황이 이런데, 도대체 뭐가 정당하단 말인가?

무료 대학교육을 옹호하는 사람들은, 사회빈곤층 아이들에게도 공부할 가능성을 열어주기 때문에 최소한 '사회적'이라고 주장해왔다. 얼핏 보기에는 설득력이 있는 것 같지만, 빠진 게 있다.

첫째, 노동자의 자녀들과 더불어 부유한 가정의 아들과 딸들도 지원을 받는다. 공장에 다니는 노동자가 자기 세금으로 자기 아들뿐만 아니라 의사나 변호사 혹은 자신이 일하는 공장 경영자의 딸이 공부하는 비용까지 지불하는 게 뭐가 '사회적'이란 말인가? 정부가 가난한 가정 자녀들의 공부를 격려하고 싶다면, 독일 대학에서 다수를 차지하고 있는 부유한 가정 자녀들까지 모두 간접적으로 지원해주기보다는, 해당 학생들에게 직접 기부하는 편이 훨씬 더 효과적일 것이다. 통계에 따르면, 독일 대학에 노동자의 자녀는 겨우 20퍼센트만 다니고 있다(공짜 공부이기 때문이 아니라, 공짜 공부임에도 불구하고).

앞의 자동차 사례에서, 정부가 특정 범위의 사람들이 기동성을 갖추도록 돕기 위해서 자동차를 선사하려고 했다면, 그들에게만 직접 나눠줄 것이지, 자동차를 갖고 싶어 하는 모든 사람에게 나눠주지는 않을 것이다. 하물며 이미 자동차를 두 대 이상 굴리는 사람들에게까지 자동차를 줄 일은 절대 없을 것이다.

무료 대학교육 옹호자들은 또 학생들이 공부를 다 마친 뒤에는 경제 성장에 어떤 식으로든 기여할 것이기 때문에, 무료 대학교육을 계속 실시해야 한다고 주장한다. 내가 보기에 그다지 탁월한 생각은 아니다. 훈련을 받은 사람은 누구나 직장생활을 하든 회사를 창업하든 경제 성장과 번영에 기여한다. 대학을 졸업했든 안 했든, 우리는 모두 일을 하고 급여를 받는다. 그런데 왜 비싼 교육을 받고, 그래서 더 많은 돈을 벌 잠재력이 있는 사람들에게만 특별한 '선물'을 줘야 한다는 건지, 나로서는 이해가 되지 않는다.

무료 대학교육 옹호자들의 마지막 주장, 즉 대부분의 학생들은 무료가 아니라면 대학 학비를 지불할 수 없다는 주장은, '지불'과 '자금 조달'의 개념을 혼동한 데서 생겨난다. 대부분의 대학생들은 자신들의 학비를 지불할 수 있다. 학자금대출을 받아 공부하고, 졸업 후 좋은 직장을 구해 상환하면 된다.

이런 말이 얼핏 낯설게 들릴지 모르지만, 다시 한 번 차근차근 생각해보자. 자동차를 예로 들어, 어떤 사람이 택시회사를 시작하려고 한다면, 자동차를 할부로 구매해 영업을 하면서, 그 수익금으로 할부금을 상환할 것이다. 대학교육 역시 '투자'와 다르지 않다. 졸업 후 바로 이어지는 높은 수입으로 얼마든지 대출을 상환할 수 있다. 이 지점에서, 대학공부에서 실패해 졸업을 못할 수도 있고, 대학을 졸업했다고 해도 좋은 일자리를 전혀 구하지 못할 수도 있다는 반론이 제기된다. 그렇다면 어쩌지? 이때 기업가라면 파산을 선고하고, 학생이라면 원칙적으로 다음과 같은 행동을 할 수 있을 것이다.

학생으로서 정부로부터 학자금대출을 받는다. 정부는 내가 대학공부를 마칠 때까지 그 돈을 갚지 않고서 공부를 계속할 수 있게 해준다. 졸업 후에는 정부는 채권을 행사해 예전의 그 학생에게 수입에서 일정 비율을 학자금대출 상환금으로 갚아나가도록 한다. 예를 들어, 10년의 상환기간을 주고, 그 다음에는 자유다. 그러나 대학을 졸업했지만 직업을 구하지 못한 사람은 아무것도 상환하지 않아도 된다. 이 경우 정부가 졸업생의 실패 비용을 떠맡는 것이다. 개인 투자에 있어서는 상상조차 할 수 없는 일이다.

이런 대출 시스템을 세심하게 살펴본다면, 그것이 모든 요구를 충족시키고 있음을 알 수 있을 것이다. 이런 시스템은 정당하고(대학공부에서 많은 걸 얻은 사람은 그만큼 많은 걸 지불한다), 공정하다(특정 그룹에 특별한 선물을 주지 않는다). 그리고 사회적으로 차별당하고 있는 사람들에게 추가로 기부금을 제공함으로써, 사회적 불이익자들의 요구에 보다 적절하게 대응할 수 있다. 사회적 기부금이 필요하지 않은 학생들에게는 돈을 적게 쓰기 때문에, 재정적으로도 가능한 일이다. 보다 효율적으로 분배한다면, 이전보다 더 많이 분배할 수도 있다. 이미 몇몇 나라에서 성공적으로 실행되고 있는 방법이다.

학생들에게도 이런 시스템은 장점을 지닌다. 첫째, 대학의 재정 상황이 좋아진다. 둘째, 교수들에게 완전히 다른 태도를 취할 수 있다. 이제 강의시간에 당당하게 "다시 한 번 설명해주십시오, 어쨌든 비용은 제가 내는 겁니다!"라고 요구할 수 있는 것이다.

EU를 철렁하게 만든 이웃집 꼬마들

"사람들은 부의 불평등보다 정당하지 않은 부에 대해 분노할 뿐이다."
- 그레고리 맨큐 -

 "이거 가지세요."

문을 열자 카랑카랑한 목소리가 들렸다. 우리 이웃집의 네 살짜리 꼬마가 문 앞에 서서 자랑스럽게 자기 작품을 내밀었다. 색연필로 알록달록한 집 한 채와 역시 알록달록한 몇 가지를 더 그려넣었다.

물론 나는 그렇게 큰 호의에 감동을 받아, 마야(꼬마 예술가의 이름이다)와 나의 곰젤리 비축분을 나누기로 했다. 그런데 한 주먹 가득 곰을 집어 아이의 손에 쥐여주는 순간, 아이의 표정에서 내가 실수를 저질렀다는 걸 알 수 있었다. 마야는 똑똑한 아이였던 것이다.

딱 5분 뒤 초인종이 울렸고, 나는 또 다른 알록달록한 예술작품의 자랑스러운 주인이 되었다. 그리고 다시 곰젤리를 쥐여주어야 했다.

2분 뒤 다시 초인종이 울렸고, 이번에는 꼬마 예술가의 언니가 서 있었다. 한나는 이미 다 알고 있다는 듯 씩 웃으면서 알록달록한 그림 한 장을 내게 내밀었다.

나의 곰젤리 경제와 EU의 농업정책

동기가 어떻게 기능하고, 잘못된 동기가 어디로 이어질 수 있는지를 이보다 더 생생하게 보여줄 수는 없을 것이다. 이제 내가 어떻게든지 브 레이크를 걸지 않으면, 우리집은 알록달록한 그림으로 발 디딜 틈이 없 어질 것이다. 그 그림들이 물론 아주 예술적이기는 하지만, 실내장식가 의 전폭적인 지지를 받지는 못할 것이다. 동기(곰젤리)는 반응(그림)을 불러일으켰고, 그 반응을 막지 않으면 파국(우리집이 그림더미에 파묻히 는)이 닥칠 것이다.

당신은 내가 곰젤리를 더 이상 주지 않으면 이런 터무니없는 일을 간 단히 멈출 수 있지 않느냐고 물을지도 모른다. 맞다! 그림이 너무 많아 그 정도면 충분하다는 생각이 들 때 곰젤리 공급을 중단하면 마야와 한 나의 그림 쇄도 중단될 것이다. 이 논리는 시장경제에도 적용될 수 있 다. 소비자들이 어떤 제품에 대해 포만감을 느끼면, 그 제품에 쓰는 돈이 점점 줄어들 것이다. 그래서 가격이 떨어지면(곰젤리 공급이 중단되면) 공 급자(두 꼬마 예술가)들로서는 그 제품(그림)을 생산할 동기 역시 떨어져, 공급이 줄어들 것이다(나는 그림의 홍수에서 빠져나올 수 있을 것이다).

꼬마 예술가 이야기는 사실 아주 간단해서 쉽게 해결책을 찾을 수 있었다. 하지만 대다수 정치인들은 이와 비슷하게 간단한 경우에도 새로운 해결책을 내기는커녕, 이미 나온 해결책도 제대로 이해조차 못하고 있는 것 같다. 현실세계에서 정치인들은 두 꼬마 예술가에게 점점 더 많은 그림을 사들여, 태워버리거나 다른 이웃에게 판매함으로써, 다른 이웃의 아이들도 곰젤리를 얻으러 오도록 만들 것이다. 그리고 어느 순간 정부의 곰젤리 봉투는 바닥이 나고 말겠지만, 우리의 정치인들은 곰젤리 나눔을 멈추지 않고, 오히려 이런 미친 짓을 계속하기 위해 다른 나라에서 곰젤리를 빌려오기까지 할 것이다. 그러다 보면 결국 모두 다 패배자가 되고 만다. 곰젤리는 떨어질 테고, 사람들은 채무를 지고, 이웃의 아이들은 그림을 팔 수 없게 된다. (나의 두 꼬마 예술가만 정치인 집에 있는 곰젤리를 빼냄으로써, 적어도 단기적으로는 이익을 봤다고 할 수 있다. 하지만 그 아이들 또한 많은 곰젤리 때문에 이빨이 상했을지도 모른다.) 그리고 결국 정부의 곰젤리 봉투는 텅텅 비어버릴 것이다.

정치인이 정말 그렇게 멍청할까? 유감스럽게도, 내 이야기는 전적으로 사실이다. 그들이 나눠준 것이 그림이나 곰젤리는 아니지만, 그들의 행동은 바로 그와 똑같았다.

수십 년 전 이미 유럽연합EU(당시에는 유럽경제공동체)은 이 '곰젤리 경제'를 도입했다(그것도 농업정책에). 그곳에는 항상 농산물에 대한 최저가격이 존재했고, 또 존재한다. 모든 농부는 자신이 생산하는 일련의 농산물에 대해, 일정한 가격 이상을 받을 권리를 갖는 것이다. 이것은 내가 우리 이웃의 아이들에게 모든 그림에 대해 최소한의 곰젤리를 보장하는 것과 마찬가지다. 그리고 농부들은 두 꼬마 예술가와 전혀 다르지 않게 행동해왔다. 그들은 결사적으로 생산을 했고, 그래서 어느 순간 농산물의 공급이 수요를 명백히 초과하게 되었다. 유럽공동체의 거실이 하루아침에 어울리지 않는 그림들로 가득 차게 된 것이다.

좋은 약은 입에 쓴 법이다. 그래서 우리의 정치인들은 좋은 약(곰젤리 지급 정지)을 쓰지 않고, 사탕만 제공했다. 그들의 첫 번째 반응은 그림을 불태우는 것이었다. 현실에서도 정말 그런 일이 일어났다. EU에서는 몇 년 동안 수십 톤에 달하는 농산물이 소각됐다. 완전히 어리석은 경제정책의 지극히 비도덕적인 결과다. 어떤 것을 생산한 사람들에게 그 대가를 지불해놓고, 바로 그것들을 없애버린 것이다. 낭비도 이보다 더한 낭비는 없다. 두 번째 반응은 그림을 이웃에 줘버리는 것이었다. 현실에서는 과잉 농산물을 다른 나라에 명백하게 싼 가격으로 판매했다. 이는 보조금이 있었기에 가능한 일이었다. 이런 정책의 결과, 보조금을 받은 유럽 제품을 가격적으로 더 이상 따라잡을 수 없게 된 다른 농업국가들의 생산물은 세계 시장에서 발을 붙일 수 없게 되었다. (세계화를 비판하는 사람들은 항상 국제무역에서의 '덤핑가격'에 대해 비난한다. 여기서 정말 문제가 되는 것은 덤핑으로, 재화가 국제 시장에서 늘 생산가 이하의 가격으로 판매되는 것이다.)

곰젤리와 농산물 최저가격제, 쿼터제의 함정

"그렇다면 도대체 누가 이 모든 멍청한 일에 대한 대가를 치러야 하는가?"

당신은 이렇게 물을지도 모르겠다. 물론 당신은 분명 스스로 그 답을 찾아낼 것이다. 당신이 당신의 세금으로 그 값을 치러왔다고도 할 수 있다. EU 살림의 약 절반이 농업정책을 위해 사용되고 있으니 말이다. 그리고 그렇게 많은 돈이 그렇게 작은 경제부문을 위해서 낭비되는데도 아무도 의아해하지 않는다. 마치 유럽이 아직도 농업국가인 것처럼.

더 있다. 당신은 세금으로뿐만 아니라 농산물 구매를 통해서도 이런 어리석은 짓에 돈을 지불하고 있다. 농업정책이 아니었더라면, 많은 농업제품의 가격이 더 저렴해졌을 것이다.

이제 당신은 또 다른 질문에 도달했을 것이다. 도대체 왜 그런 짓을 하는가? 대답은 아주 간단하다. 내가 어린아이들을 좋아하고, 그 아이들이 실망하는 모습을 보고 싶지 않아서 마야의 세 번째 그림에 이를 악물며 곰젤리를 몇 개 더 꺼냈듯이, 정치인들은 농부들의 가계를 보장해주고 싶어 한다. 중요한 것은 오로지 소득이전인 것이다. (왜 정치인들은 사람들의 소득을 안정시켜주고 싶어 하는 걸까? 여러 가지 이유가 있는데, 가장 유쾌하지 않은 것이 정치인들이 제일 중요하게 여기는 이유다. 바로 민심이다.)

그러나 어느 순간 이 일의 비용이 EU 정치인들에게 너무 비싸졌다. 하지만 이때에도 그들은 곰젤리의 악순환 고리를 끊는 대신, 농부들에게 계속 생산을 격려하지 않고 다른 방식으로 그들의 수입을 보장해주는 대신, 한 가지 새로운 아이디어를 떠올렸다. 내 곰젤리 사건을 본 사람이라면 절대로 생각하지 않을 아이디어로, 두 꼬마에게 이렇게 말하는 것이었다. "너희는 각자 하루에 그림 한 장만 가져올 수 있어." 그렇게 하면 내가 비축해놓은 곰젤리를 두 꼬마가 똑같이 나누어 받게 된다. 내가 상황을 더 악화시키고 싶다면, 마야는 하루에 그림 두 장씩, 한나는 한 장씩만 가져오라고 한다. 마야는 처음에 벌써 그림을 두 장 가져왔는데, 이제 와서 갑자기 곰젤리를 조금만 주고 싶지는 않기 때문이다.

정치인의 말로 바꾸면 '쿼터제'로, 이미 항상 많은 양을 생산해온 사람은 쿼터도 그만큼 높게 받는다는 규정 하에 아주 잘 기능하고 있다. 전혀 그럴 이유가 없는데도 말이다.

쿼터제의 결과는 사실 명확하다. 나는 곰젤리 문제를 해결한 게 아니다. 농부들은 굳이 자신들의 생산 습관을 재고해보고, 어쩌면 정말로 필요한 제품에 집중해야 할 매력을 느끼지 못하게 된다. 그리고 고객에게 긍정적인 부수 현상을 일으킬 수 있는 경쟁은 일어나지 않는다. 제품은 여전히 비싸다. 새로운 공급자나 생산자가 나타나지 않기 때문이다. 그리고 우리는 계속해서 돈을 지불해야 한다.

또 쿼터제를 계속 시행하려면 비용이 너무 많이 드니까, 이 경제학의 백치들이 모인 공포의 내각에서는 또 다른 아이디어가 추가된다. 공급량을 줄이기 위해서 농부들에게 휴업 보상금을 제공하는 것이다. 즉, 생산을 줄이면 돈을 주는 것이다. 내가 마야와 한나에게 그림을 그리지 말라며 곰젤리를 주는 것과 같다. 그야말로 기가 막힌 상상이다. 사장에게 가서 앞으로도 계속 돈을 주면 일을 적게 하겠다고 제안해보라. (그런 제안을 하면서 이 책 제목을 거론하지는 말아주시길!)

여기 더 심한 문제가 있다. 나의 곰젤리 사례에서는 두 꼬마가 각자 자신의 쿼터를 받았는지, 혹은 그들의 그림 생산이 줄어들었는지를 아주 잘 파악할 수 있지만, 농업정책에 있어서는 그렇지 못하다. 농지가 쉬고 있는지를 감시하기 위해서 이따금 위성을 이용하기도 한다. 정상적인 이성을 가진 사람이라면 이쯤에서 현기증이 날 것이다. 우리는 농부들이 아무것도 하지 않는지 감시하기 위해서 값비싼 하이테크놀로지를 이용하고 있는 것이다. 그 비용을 제대로 지불하면서 말이다. 경제학적으로는 가장 끔찍한 악몽이다.

곰젤리 사례에서, 그렇다면 나는 어떻게 해야 할까? 두 매력적인 꼬마가 적어도 일정량의 곰젤리를 받도록 하고 싶다면, 나는 그냥 하루에 몇 개씩의 곰젤리를 줄 것이다. 그림을 몇 장 그리라는 등의 조건이나 요구 없이. 그 결과, 두 꼬마는 곰젤리를 얻을 수 있을 뿐만 아니라, 더 이상 그림을 생산해야만 한다는 압박을 느끼지 않게 된다. (어차피 그 그림들은 바로 내가 몰래 폐기처분해야만 했다.) 이로써 나는 시간, 종이, 연필의 낭비를 막을 수 있다.

간단명료하게 정리하자면, 누군가에게 뭘 주고 싶으면 직접 줄 것이지, 바로 폐기될 제품을 생산하라고 강요하지 말아야 한다. (물론 여기에는 또 다른 문제가 존재한다. 만약 일하지 않는 농부 모두에게 최저생계를 보장한다면, 그런 농부들이 곧장 엄청나게 늘어날 것이다. 한 직업 계층에 대해서만 소득을 이전시킨다는 발상은 실제로 유익한 해결책이 아니라는 사실이 드러나고 있다. 이전은 그 사람의 실제 소득 수준과 소득을 발생시킬 수 있는 가능성에 맞춰야만 한다.)

영화 속 인질극의 경제학

"그 총 내려놔! 그러지 않으면 이 여자가 무사하지 못해!"

고전적인 갱 영화의 고전적인 대사다. 악당은 팔로 여인의 목을 끌어안고 권총으로 위협하고 있고, 주인공 역시 권총을 들고 악당 앞에 서 있다. 그 여인은 주인공의 애인이다. 우리의 주인공은 이제 어떻게 할까? 잠시 후 그는 악당의 요구대로 순순히 권총을 내려놓는다.

나로서는 도무지 이해 못할 일이다.

"자기라면 물론 아랑곳하지 않고 쏘겠지."

내 여자친구는 붙잡힌 여인에 대한 감수성이 부족하다며 날 못마땅해한다. 그러나 바로 그런 감수성 때문에 권총을 내던질 수 없다는 나의 주장은 이렇게 감정적인 상황에서는 쇠귀에 경 읽기일 따름이다.

총을 쏠 것인가, 협상을 할 것인가?

갱 영화가 끝나거든, 당신이라면 그런 상황에서 어떻게 할지 한번 생각해보시라. 그때 경제학이 기꺼이 상황을 분석하고 참여 당사자들이 각기 상대방의 계산을 고려해보는 게임이론의 도구로 봉사할 것이다.

악당에게 주어진 첫 번째 옵션은 여인에게 총을 쏘는 것이다. 그러면 어떤 일이 발생할까? 악당이 주인공의 총에 맞아 죽는 것으로 상황이 끝날 수 있다. 악당의 또 다른 옵션은, 협상을 해서 그 자리를 모면하는 것이다. (물론 여인은 놔두고. 일단 그에게는 그 여인이 별로 중요하지 않다고 해두자.) 요약하자면, '협상을 하고 달아나는' 옵션이 '총을 쏘고 총에 맞아 죽는' 것보다는 그에게 훨씬 유리하다.

그렇다면 우리의 주인공에게는 어떤 옵션이 있을까? 그에게도 역시 두 가지 옵션이 있다. 총을 난사하거나(가장 사랑하는 사람이 쓰러지는 위험을 감수하고), 전략적으로 협상을 하거나(악당은 사라지게 내버려두고 애인을 구한다). 자, 이제 당신이라면 어떻게 하겠는가? 사랑하는 사람의 목숨이 달려 있는 한, 협상을 하고 대결은 다음으로 미루는 것이 최선이지 않을까.

그런데 우리의 주인공은 적어도 갱 영화에서는 다르게 행동한다. 악당의 요구대로 정말 총을 내려놓는 것이다. 그 장면을 보면서 나는 자문해본다. 그래서 얻는 게 뭘까? '총을 쏜다'는 옵션은 그럼으로써 파묻혀버렸고, '협상한다'는 옵션도 힘을 잃어버렸다. 악당이 이제 뭣 하러 굳이 협상을 하겠는가? 그는 이제 모든 패를 손에 쥐게 된 셈이다!

나는 주인공의 입장에서 다음과 같은 생각을 해보았다. 내가 총을 내려놓는다면, 악당은 더 이상 나와 협상하려 들지 않을 것이며 나를 쏘아 쓰러뜨릴 수도 있다. 그렇다면 왜 무기를 내던지는가? 총을 내려놓으라는 악당의 요구에 대해서 주인공은 차라리 "난 바보가 아니다!"라고 대답했어야 한다. 그가 총을 내려놓고 자신의 위협 잠재력을 스스로 빼앗김으로써, 그는 자기 자신의 목숨뿐만 아니라 사랑하는 사람의 목숨까지도 위험에 빠뜨렸다. 그렇게 해서 얻는 것이 하나도 없는데……. 그렇다면 그는 왜 그렇게 했을까?

우선, 협상을 위해 신뢰를 형성할 생각으로 총을 내려놓았을 수 있다. "봐라, 나도 무기를 내려놓았다. 이제 협상하자"라는 뜻으로 말이다. 하지만 악당이 더 이상 잃을 게 없다면 그런 계산은 맞아떨어지지 않는다. 내가 죽어서는 어쨌든 아무 일도 할 수 없고, 악당이 계속 살아 있다면 그건 절대로 좋은 거래가 아니다. 또한 신뢰를 형성하기 위해서는, 그리고 누군가의 협력을 이끌어내기 위해서는 서로 오랫동안 알고 지내야 하며, 상대방 역시 약속에 관한 한 믿을 수 있다는 경험을 한 적이 있어야 한다. 그리고 그런 조건이 갖춰졌다고 해도, 그건 엄청나게 어려운 일이다. 적어도 의심이 많은 경제학자에게는.

갱 영화의 뻔한 결말, 주인공과 악당의 협정

'적 사이의 신뢰'라는 주제로 다음과 같은 상황을 상상해보자. 악당과 주인공이 더 위험한 악당을 무장해제시키기 위해 서로 협력하기로 거래했다. 갱 영화에서는 낯설지 않은 설정이다. 둘 다 상위급 악당을 쓰러뜨리기를 원하고, 24시간 후에는 두 사람의 거래가 종료된다는 걸 알고 있다. 그 시간이 되면, 잠시 주인공의 파트너로 변신했던 악당은 다시 철창 안으로 돌아가야 한다.

이런 거래가 성사될 수 있을까? 이런 비즈니스를 반대편에서 생각해보면, 그럴 수 없다. 주인공과 잠시 함께 일해야만 하는 악당이 무슨 생각을 할까?

'23시간 55분 동안은 녀석과 함께 일한다. 그러고 나서 총으로 녀석을 날려버려야지.'

하지만 우리의 주인공도 이런 생각쯤은 간파할 수 있다. 악당이 거래 종료 5분 전에 자신을 해치울 생각을 할지도 모른다는 추측을 해두는 것이다. 그렇다면 그는 어떻게 할까? 공동 작업 완료 10분 전에 악당에게 작별을 고하려고 애쓸 것이다. 그러면 악당도 그걸 알아차리고, 그래서 거래 종료 15분 전에 작별을 고하기 위해…… 그걸 우리의 주인공도 계산해서 공동 작업 종료 20분 전에…….

이런 끝없는 되풀이가 어떤 결과를 낳을지 한번 생각해보시라. 우리의 주인공은 결코 이 거래에 동의하지 않을 것이다. 거래가 시작되자마자 악당이 선수를 쳐서 자기를 쓰러뜨리려고 하리라는 걸 계산할 수 있을 테니 말이다.

주인공과 악당 사이의 이런 협정은, 양쪽 다 그 협정이 끝장나리라는 것, 서로 협력하기보다는 협정이 끝나기 직전 상대방을 속이는 게 득이라는 것을 알고 있다는 데 그 함정이 있다. 각자 상대방에게 그런 충동이 있다는 것을 알고 있기 때문에, 그 협정을 상대방보다 한 발 앞서 끝내려고 애쓰게 되며, 결국 협력하는 대신 협정을 깨버리게 된다. 따라서 아예 처음부터 협력이란 존재할 수 없게 되는 것이다.

주인공과 악당의 협력이 성공할 가능성

"하지만 우리는 종종 그런 협정을 체험하게 되잖아. 나는 갱 영화에서도 그런 게 아주 현실감 있게 느껴지던데?"

갱 영화에 열광하는 내 여자친구는 이의를 제기한다. 그 말도 맞다. 그럴 수도 있다는 걸 아주 간단하게 설명할 수 있다. 그 한 가지 가능성은 협력에 정해진 시한이 없을 때다. 악당과 주인공의 거래는 대부분 "닥터 노가 체포될 때까지 우리는 함께 일한다"는 식이다. 협력이 끝나는 시점을 명확하게 정하지 않고 우연에 맡기는 것이다. 그러면 협력에 득이 된다. 두 당사자 중 누구도 그 거래가 언제 끝날지, 즉 언제 닥터 노가 체포될지를 미리 확실하게 알 수 없기 때문이다. 이렇게 닥터 노가 체포되는 시점에 대해 두 사람이 기대하는 바가 각각 다르면 협력이 의미가 있다. 각자 협정이 언제 끝날지 자기가 상대방보다 먼저 알아서 빨리 그 협정을 깰 수 있다는 전제 아래 일을 진행하기 때문이다. 이 공동 작업에서는 마지막 라운드가 언제 시작될지를 상대방보다 먼저 알 수 있다면 그보다 빨리 협정을 결렬시킬 수 있다.

악당과 주인공의 협력이 성사될 수 있는 또 다른 가능성은 필요한 동기를 부여하는 데 있다. "당신이 닥터 노 체포에 도움을 준다면, 우리는 보석 절도는 빼고 신용카드 위조에 대해서만 당신을 기소하겠소"라는 식으로 악당에게 제안하는 것이다. 이제 상황은 전적으로 다음에 달려 있다. 첫째, 우리의 주인공은 이런 제안이 그 악당으로 하여금 공동 작업이 끝났을 때 자신에게 일격을 가하지 않도록 할 만큼 충분한 매력을 가지고 있는지 숙고해야 한다. 그에게는 어느 편이 더 나을까? 닥터 노 체포에 협조하고 신용카드 위조로 두 달 동안 수감생활을 하는 것, 아니면 보석 절도까지 더해 사방에서 수배를 당한 채 도주생활을 하는 것? 한편, 악당은 주인공이 그 협정을 정말로 계속 지켜나갈 수 있을지를 숙고해야 한다. 닥터 노가 체포된다면 그로서는 이 협정을 계속 지킬 동기가 더 이상 없는 것이다.

이런 경우 악당과 주인공이 그런 협력관계에 동의한 후 그때부터 영원히 상대방을 견제하기 때문에 긴장감이 넘쳐난다. 바로 그래서 갱 영화의 주요 소재로 다뤄지는 것이다. 그러니 갱 영화 관객 중 도대체 누가 잘난 척이나 하는 경제학자한테 방해를 받고 싶겠는가?

미니스커트와 경제학의 방정식

"스커트의 길이가 짧아질수록 주가는 오른다."

− 마브리 −

살기 어려운 시대다. 사방에서 온통 나쁜 뉴스가 들린다. 경제, 일자리, 정치에 대한 근심이 끊이지 않는다. 그렇다면 현재 우리의 국가경제는 정말 어떤 상태인 걸까? 경제학자로서 나는 이렇듯 어려운 경제 상황을 뉴스나 주변 사람들의 이야기에서뿐만 아니라, 관련 논문 등을 통해서도 파악한다. 그런 자료들은 경제전망이 얼마나 나쁜지에 대해 장황하게 설명하면서 총수익, 일자리, 무역수지 등에 관한 온갖 경기지수와 통계치를 제시한다. 하지만 사실 그런 것들이 바로바로 분석되지는 않는다. 이렇게 이야기하면 놀라겠지만, 경제학자가 경기침체나 불황의 조짐을 파악하고 그것을 확인해야겠다고 결심하기까지는 아주 오랜 시간이 걸린다. 어쩌면 불황이 지나간 후에야 그 사실을 인지하는 경우도 있을지 모른다.

자신이 속한 지역이나 국가의 진정한 경제 상황을 파악하는 일이, 소위 '프로'라는 사람들에게도 이렇듯 어려운데, 하물며 일반 시민들에게는 얼마나 어려운 일이겠는가. 하지만 너무 걱정하지는 마시라. 약간의 관찰 능력만 있다면 기본적으로 누구나 국가경제가 현재 어떤 상태에 처해 있는지 대략의 그림을 그릴 수 있다.

일상에서 발견되는 불황의 조짐들

불황이란 한마디로 경제활동이 전반적으로 침체된 상태를 가리킨다. 불황이 닥치면 물가와 임금이 하락하고 생산이 위축되며 실업이 늘어난다. 그렇다면 일상에서는 불황의 조짐을 어떻게 확인할 수 있을까? 내 첫 번째 제안은 두 눈을 크게 뜨고 시내를 걸어보라는 것이다. '임대', '정리세일', '폐업정리' 같은 문구가 많이 눈에 들어오면 그만큼 경제가 나빠지고 있다고 보면 된다. 상점들이 폐업하고, 텅 빈 사무실이 늘어나고, 정리세일 전단지가 여기저기 나붙는 건 경제활동이 위축되고 있다는 표시다.

경기가 나쁜 시대에는 또 주변에 직장을 잃거나 잃을까 봐 두려워하는 사람이 늘어난다. 당신은 물론 그렇지 않다고 해도 말이다. 지역정보지의 '구인란'은 취약해지는 경제를 알 수 있는 또 다른 훌륭한 지표다. 정보지가 얇아질수록 일자리 공급은 줄어들고, 그만큼 경제가 어려워진다.

이때쯤이면 언론에서도 일반적으로 불황에 대한 언급이 점점 더 많아진다. 많은 경제 잡지가 이른바 'R단어지수'를 밝힌다. 언론 보도에 '불황Recession'이라는 단어가 얼마나 자주 등장하는지 살펴보는 것이다. 더 간단하게 언론의 광고수입을 살펴볼 수도 있다. 광고가 적을수록 경제가 그만큼 어렵다는 의미다. 신문과 잡지 혹은 기타 정기간행물의 두께가 얇아지고, 광고가 줄어들고, 방송의 광고시간도 짧아지면…… 이 모든 것이 경기침체를 암시한다.

아침 라디오방송의 교통정보에서도 우리는 경기침체를 읽을 수 있다. 경제가 어려워지면 일반적으로 교통정체가 줄어든다. 일하는 사람이 줄어들어 아침마다 번화한 시내로 출근하는 교통량이 감소하기 때문이다. 화물차 통행량도 마찬가지다. 생산이 줄면 공급이 줄고 길거리에 화물차가 줄어든다. 출근시간 지하철에서도 비슷한 모습을 목격할 수 있다. 호황일 때는 앉을자리 찾기가 힘들지만, 불황에는 여기저기 빈자리가 눈에 띈다. 그러니 어느 날 지하철을 탔는데, 너무 쉽게 빈자리를 찾아 앉았다면, 혹시 경기침체가 오고 있는 건 아닌지 한번 생각해보시라.

이번에는 건설 쪽에서 살펴보자. 건설현장이 늘어나는 건 어떤가? 예를 들어 고속도로 건설이 늘어나면, 그것을 호황의 지표로 읽을 수 있을까? 내 대답은 "글쎄……"다. 오래전부터 공공건설 계약은 경기를 부양하는 수단으로 사랑을 받아왔기 때문에, 오히려 경제가 어려울 때 더 활발하게 진행되는 측면이 있다. 더 나쁜 것은, 선거를 목전에 두고 건설이 활발해지는 경우다. 이런 이유들 때문에, 건설현장이 늘어나는 것을 호황의 지표로만 읽기는 어렵다.

그런데 상황에 따라 건설현장이 경제 상태의 후속지표가 되기도 한다. 건설현장이 증가하는 시점은 대개 경기가 위축되려고 할 때인 경우가 많다. 건설 결정과 실행 사이에 오랜 시차가 있기 때문이다. 설계, 허가, 준비와 기타 일들로 많은 시간이 소모된다. 호황일 때 건설을 결정하고 드디어 가공식을 거행했는데, 벌써 2년이 지나 경기는 이미 하락하기 시작한 것이다.

경기지표에 대한 심리학적인 접근

여기 좀 더 자세히 들여다보면 꽤 설득력이 있는 지표가 두 가지 더 있다. 첫 번째는 지역축제다. 지역의 경기가 침체되면 그 지역 주민들로서는 소비할 돈이 적어지는데, 그것을 사육제(사순절에 앞서 3~7일 동안 즐기는 축제 – 옮긴이) 등 지역축제에서 알아볼 수 있다. 지난해 나는 우리 지역에서 '장미의 월요일'(사육제의 중심일 – 옮긴이) 가장행렬에 참여했는데, 그때 몇 가지를 주목해서 보았다. 내가 보기에 마차에서 사람들에게 던져지는 초콜릿이나 사탕 등이 경제적인 상황을 강력하게 반영하고 있는 것 같았다(경기가 나쁠수록 양이 줄어든다). 2000년까지만 해도 사탕, 아이스크림, 초콜릿, 기타 맛있는 것들이 던져졌지만 2002년 축제의 밤에 사람들이 수확한 것은 색종이 조각, 싸구려 판촉물 그리고 수많은 함성뿐이었다.

두 번째는 섣달그믐날 밤의 불꽃놀이다. 확실히 입증된 게 아니라서 객관적인 수치를 제공하기는 힘들지만, 나는 개인적으로 자주 경기지표로 사용한다. 불꽃놀이가 풍성할수록, 사람들은 더 기분이 좋고, 경기도 그만큼 좋다. 섣달그믐날 밤 불꽃을 쏘는 사람이 많을수록, 사람들은 그만큼 새로운 해를 낙관적으로 바라보며, 경제적 상황 또한 낙관적으로 전망하는 것이다.

만약 당신이 "그런 것들은 지표로 쓰기에는 너무 부정확하다"라고 이의를 제기한다면, 그 말이 맞다. "정확히 측정할 수 없는 것은 '확고한' 사실이 될 수 없다"라고 말한다면, 그 말도 맞다. 하지만 경제 상황을 연구하는 데는 확고한 숫자뿐만 아니라 심리학이 결정적인 역할을 한다. 많은 노련한 경제학자들이 이미 '경기의 50퍼센트는 심리학'이라고 인정하고 있다. 한 나라의 경제적 상태는 또한 국민들의 소비를 통해서도 결정되기 때문이다.

간략하게 정리해보자. 사람들이 소비를 많이 할수록, 경제는 그만큼 잘 돌아간다. 그렇다면 사람들은 언제 더 소비를 많이 할까? 물론 주머니에 돈이 많이 들어 있을 때겠지만, 기분이 좋고 미래에 대해 낙관적일 때에도 소비를 많이 하게 된다. 자신의 미래와 직업, 그리고 미래 소득에 대해서 불안한 사람은 같은 액수를 번다고 해도 돈을 쓰지 않고 모아둘 것이고, 이는 경제에 그만큼 영향을 미친다.

여성들의 스커트 길이가 짧아지면 경기는?

이번에 소개하는 견해는 내가 좋아하는 경기지표를 뒷받침해주는 것이다. 경제학자들의 토론에 가끔 등장하는 소재지만, 내 동료들이 그런 지표를 과연 얼마나 진지하게 받아들일지는 나도 잘 모르겠다. 여하튼 그것은 다름 아닌 여성들의 스커트 길이에 관한 것이다.

"여성들이 일상생활에서 입는 스커트 길이가 짧을수록 경기는 좋아진다."

한때 경기가 침체되면 여성들의 스커트 길이가 짧아진다는 주장도 있었지만, 나는 반대로 생각한다. 얼핏 들으면 무슨 소리인가 싶겠지만, 잘 생각해보면 이해되는 바가 있을 것이다.

여성들의 스커트 길이를 호황을 암시하는 경기지표로 삼을 수 있는 건 다음과 같은 성찰이 전제되기 때문이다. 여성들은 주로 언제 짧은 스커트를 입을까? 낙관적이고 무언가를 감행하고 싶을 때 아닐까? 용감하고 낙관적이며 확신에 찬 기분, 우리가 그런 기분을 느낄 때는 주로 경기가 좋아질 거라고 기대할 때 아니던가.

생각을 좀 더 발전시켜보자. 일반적으로 패션은 그 지역의 경제 상황을 반영한다. 여성들의 의상 색상이 눈에 띄게 화려하고, 실험적이고 과장된 스타일이 유행한다면, 그 지역 주민들도 용감하고 낙관적이라고 볼 수 있다. 또 경제적으로도 희망적이고 유쾌한 상태임을 추론할 수 있다. 반대로 패션디자이너가 바랜 색상에 보수적인 스타일, 그리고 소박한 디자인을 선택한다면, 그 지역 주민들의 분위기가 가라앉았고 조심스러우며, 소비도 위축돼 있다는 추측을 하기에 충분하다.

이런 생각들이 당신에게는 억지스럽게 들릴지도 모르겠다. 이 세상 어떤 연구소도 이런 지표를 토대로 모델이나 이론을 수립하거나 경기를 예측하지 않는다. 하지만 나는 시내를 다니면서 주변을 주의 깊게 관찰하면 내가 속한 지역이나 국가의 경제 상황에 대해서, 그 어떤 언론의 똑똑한 경제논평에서보다 훨씬 많은 것을 얻을 수 있다고 굳게 믿는다. 그러니 다음에 시내에서 어떤 남자가 여성의 스커트를 유심히 쳐다보더라도, 그 남자에 대해서 성급하게 판단하지는 마시라. 어쩌면 경제학자일 수도 있으니까.

우리는 왜 효율성을 추구해야 하는가?

"경제학이 사회, 역사, 문화 그리고 정치가 경제의 작동에 미치는 영향을 무시하고
선택의 과학으로 전락하는 것은 자살과 같은 일이다."

– 로널드 코우스 –

크리스마스다! 그리고 나는 깊은 감동을 받
았다. 우리의 독일 대통령이 나에게 크리스마스 인사를 한 것이다! 물론,
그가 나에게 직접 인사를 한 것이 아니라, 국민들에게 크리스마스를 축
하하는 연설을 하면서, 자신의 '어린양'인 우리에게 평화로운 휴일을 기
원했고, 새해로 가는 길목에서 몇 가지 생각해볼 만한 말들을 함께 전해
주었다.

그의 말들 가운데 몇 가지는 정말로 나를 곰곰이 생각하게 만들었다.
그런데…… 생각하면 할수록 더욱더 그에게 화가 났다. 대통령은 기본
적으로 우리 경제학자들을 꾸짖고 있었던 것이다. 내가 생각하기에는 심
히 부당한 이유로 말이다.

대통령의 효율성 vs 경제학자들의 효율성

"그러나 우리는 모든 분야에서 모든 사회적 삶이 점점 더 경제성과 효율성이란 모델에 따라 각인되지 않도록 조심해야만 합니다."

이 문장이 나를 불편하게 만들었다. 하지만 아마도 사람들은 크리스마스를 앞두고 들뜬 분위기에서 그의 말에 대강 동의했을 것이다.

지금이라도 이 문장이 우리에게 무엇을 말하려는 것인지 한번 생각해보자. 대통령은 계속된 연설에서 아마도 자금, 결산 그리고 자원과 같은 개념이 경제에서는 필수불가결하지만, 우리 삶의 다른 분야에서까지 지나치게 강조할 필요는 없다는 견해를 밝힌 것 같다. 그렇지 않다면 가족, 배우자, 그리고 아이들에게조차 이익과 손해를 따지게 될지도 모른다면서…….

그리고 그는 다음과 같은 말로 결론을 내렸다.

"우리가 모든 삶의 영역을 경제법칙에 따라서만 형성한다면, 우리는 막다른 골목에 갇히게 될 것입니다. 그럼으로써 우리는 삶에서 본질적인 것들을 잃어버리거나 놓치게 됩니다."

자, 이제 경제학자들이 '효율성'이라는 말을 통해 정말로 전하려는 바가 무엇인지 설명해야 할 것 같다. 왜냐하면 나는 오히려 우리가 효율성을 위해 노력하지 않는다면, 인생의 본질적인 것들을 놓치게 된다고 생각하기 때문이다. 그리고 비효율적인 행동은 비도덕적이라고 생각한다. 또한 경제학 법칙을 무시하는 사람은 자기 자신과 인생에 호의를 베풀지 않는 사람이라고 생각한다.

가장 먼저 자금, 결산 그리고 자원과 같은 개념이 아니라 효율성을 가지고 경제학을 생각해보자. 결산은 결산, 자금은 자금, 자원은 자원이다. 효율성에 대해서 우선은 할 일이 거의 없다. 그건 다만 경제학자들이 사용하는 개념일 뿐이다. 내 말을 오해하지 말길 바란다. 소심한 현학자의 말처럼 들리겠지만, 꼭 제대로 알려줘야 한다고 생각한다.

그렇다면 효율성이란 정말로 무엇을 뜻하는 것일까? 간략하게 말하자면, 효율성이란 주어진 수단을 가지고 가능한 한 최고의 결과에 도달하는 것을 의미한다. 예를 들어, 내가 우리집을 칠하고 싶다면? 가능한 한 적은 페인트로, 가능한 한 짧은 시간 안에 칠을 마치려고 노력하는 것이 바로 효율성을 추구하는 것이다. 정부에서 병원을 짓는다면? 한정된 예산으로 최고의 병원을 짓기 위해 모든 노력을 기울이는 것이 효율성을 추구하는 것이다. 따라서 우리가 돌릴 수 있는 나사는 두 가지다. 주어진 목표에 가능한 한 최소의 수단과 비용으로 도달하는 것, 혹은 주어진 수단으로 가능한 한 최대의 결과에 도달하는 것.

각설하고, 효율성이란 빠듯한 수단을 절약하면서 다루는 것이다. 여기서 '비도덕적'인 것은 전혀 발견할 수 없다. 효율성의 반대는 낭비이며, 나는 낭비가 비도덕적이라고 생각한다. 당신이 병원을 한 채 지으려고 한다고 한번 가정해보자. 모든 공급자가 같은 서비스를 제공한다면, 당신은 가장 비싼 공급자를 택할 것인가, 아니면 가장 싼 공급자를 택할 것인가? 아마 가장 비싼 쪽은 아닐 것이다.

효율성은 어떤 분야에서든 필요하다

앞의 병원 사례에서, 병원 간부가 건축비의 일부를 건물에 예술작품을 설치하는 데 쓰려고 한다면? 그가 진료실을 짓는 대신 건물의 외장을 예술적으로 꾸미는 데 예산의 절반을 쓰겠다고 한다면 당신은 뭐라고 할 것인가? 그건 예술가의 입장에서 보면 분명 유익한 일일 테지만, 병원을 짓겠다는 본래의 목적을 생각하면, 아무도 좋다고 하지는 않을 것이다.

이 사례를 이번에는 약간 다르게 각색해보자. 시의회가 병원을 예술적으로 꾸미고 싶어 해서, 병원 건물의 정면 조형에 상당한 돈을 출연하기로 결정한다. 이때 한 경제학자가 그 비용의 효율성을 따진다면, 아마도 효율성 비판가들로부터 모든 걸 그렇게 경제적으로만 따져서는 안 된다는 비난을 받게 될 것이다.

하지만 이 두 가지 경우에서 도대체 뭐가 달라졌을까? 병원 간부가 예산의 절반을 장식 그림으로 탕진한다면, 그것은 진료실을 지을 예산을 깎아먹는 것이기 때문에 스캔들이 된다. 하지만 시의회가 병원을 지을 예산에 추가로 돈을 지원한다면, 그 돈이 또 다른 진료실을 세우는 데 유용하게 쓰일 수 있었음에도 불구하고, 그 건축예술은 사람들의 사랑을 받을 것이다.

경제적으로 보았을 때, 이 두 가지 경우는 별 차이가 없다. 효율성 비판가들이 한결같이 과소평가하는 부분이 바로 "어떤 돈이든지 딱 한 번만 사용할 수 있다"는 것이다. 예술을 위해 돈을 쓴다면, 아동병원을 지을 돈이 부족할 것이다. 영화지원금을 지출한다면, 무주택자를 지원하는 돈이 부족할 것이다. 이것이 경제의 가장 중요한 법칙 가운데 하나이며, 이 법칙은 언제 어디서나 적용된다. 비판가들이 냉정한 경제학자는 필요 없다며 사라져주기를 바라는 분야에서도 말이다.

또 다른 사례를 보자. 우리 동네에는 과속 운전자로부터 아이들을 보호하기 위해 지정된 시속 30킬로미터 제한 구역이 있다. 게다가 과속을 하지 못하도록 과속방지턱을 설치해 자동차가 자동적으로 브레이크를 밟도록 했다.

"이런 일에 시가 돈을 아껴서는 안 되지."

부모들은 고개를 끄덕이며 시의 조치를 칭송했다. 이 대목에서 매정하게 들릴지 모르지만, 그럼에도 불구하고 나는 그 방지턱의 비용이 얼마인지 한번 확인해봐야 한다고 생각한다. 방지턱을 설치하는 데 든 금액만큼 다른 곳에 돈을 쓰지 못했을 것이기 때문이다.

생각을 극단적으로 몰아가보자. 많은 돈을 들여 우회도로를 만들 경우 이 거리에서의 사고 위험을 제로로 만들 수 있다면? 그렇다면 당신은 그런 조치에 찬성하겠는가? 대부분의 사람들은 과속방지턱이면 아이들의 안전을 충분히 보장할 수 있다고 말할 것이다. 하지만 이 말은 "시가 아이들의 안전에 돈을 아껴서는 안 된다"는 주장과는 일치하지 않는다.

우회도로가 사고 위험을 제로로 줄일 수 있다면, "이런 일에 돈을 생각해서는 안 된다"는 명언이 통하는 한, 우회도로를 건설해야만 할 것이다. 하지만 우회도로가 정말로 적당한지에 대해 생각하기 시작하면서, 사람들은 그제야 적당한 수단의 사용에 대해서 숙고하게 되는 것이다.

즉, 효율성에 대해서 말이다.

물론 나는 과속방지턱 설치에 반대하지 않는다. 다만 그 비용과 효용성에 대해서는 찬찬히 살펴봐야 한다고 생각한다. 아이들이 많이 나와 놀고, 자동차가 많이 달리는 곳이라면 과속방지턱이 의미가 있을 것이다. 또한 교통을 우회시키는 문제에 대해서도 생각해봐야 한다.

반면, 도로 인근에 사는 아이가 한 명밖에 없고 자동차가 한 시간에 한 대 정도 지나간다면, 다시 생각해봐야 할 것이다. 이 경우 사람들이 당신에게 삿대질을 하더라도 과속방지턱이 정말 필요한지 질문을 던져봐야 한다. 그 한 아이만을 위한 과속방지턱을 세울 수는 있다. 하지만 그 비용으로 더 많은 아이들과 더 많은 자동차가 지나다니는 다른 도로에 과속방지턱을 설치할 수도 있다.

두 도로에 모두 방지턱을 설치하면 되지 않느냐는 항변은 논점을 잘못 알고 있는 것이다. 지금 우리는 단 한 개의 과속방지턱에 대해 말하고 있다. 방지턱을 두 개 세우려면 또 다른 곳의 방지턱을 포기해야만 한다. 물론 두 도로에 모두 과속방지턱을 설치해야만 한다는 결론에 도달할 수 있다. 하지만 그때에는 적어도 거기에 필요한 만큼 돈이 다른 곳에서 부족하게 된다는 사실은 인식해야 한다. 따라서 간단한 질문을 던져봐야 한다. 그 돈이 더 필요한 다른 곳이 혹시라도 있지 않을까?

예를 들어 가족에 대해서만은 이런 식으로 사고하지 말자고 하는 사람들은 잘못 생각하는 것이다. 오히려 가장 사랑하는 사람들에게 가능한 한 가장 좋은 것을 다 해주려고 노력해야 하지 않을까. 다음과 같은 경우라면 어떻게 하겠는가? 당신의 자녀들이 1년에 한 번 열리는 카니발에 가고 싶어 하는데, 돈이 많이 든다. 당신이라면 아마도 비용은 신경쓰지 않고 아이들과 함께 그 카니발에 갈 것이다. 가족에 대해서는 굳이 효율성을 따지고 싶지 않으니까 말이다. 그런데 연말에 보니 통장에 돈이 얼마 남지 않았다. 아이들 옷을 입히고 피아노 교습비를 지불하고, 미래의 교육비로 저축할 돈이 더 이상 없는 것이다. 최악의 경우 당신은 아이들의 교육 기회를 카니발 비용으로 지불해버린 셈이 된다.

내가 보기에 그런 생각은 평생 돈이 충분한지 모자란지 생각해볼 필요가 없는 사람들이나 가져도 좋은 생각이다. 그 밖의 다른 사람들은 누구나 자녀들에게 가장 좋은 것을 해주기 위해 제한된 수단을 가장 효율적으로 다뤄야 할 도덕적인 책임을 지고 있다.

효율성은 이익추구나 배금주의와는 전혀 다르다

라우 씨의 연설 가운데 효율성을 비경제적으로 이해한 부분은 또 있었다.

"학교는 절대 기업이 아닙니다. 대학 역시 아닙니다. 교육은 단순한 기능훈련 그 이상입니다."

교육이 어때야 하는지, 한 가지는 분명히 알고 있다. 대학을 효율적인 관점에 따라 조직하지 않으면 해당 지역의 교육 수준이 떨어진다. 학생 수가 적은 난초학과에 학생 수가 많은 다른 학과와 똑같은 장비를 지급하는 것이 옳다고 생각하는가? 이 질문에 "노!"라고 대답한다면, 당신은 대학정책에 있어서 효율성을 지지하는 사람이다.

좀 더 쉽게 생각해보자. 대학의 재정으로 학생용 의자를 요청해야 할까, 아니면 교수 전용 골프장을 세워야 할까? 대학은 기업이 아니니까 재정을 효율적으로 투입하든 아니든 상관없다면, 교수 전용 골프장도 정당화될 수 있을 것이다. 그리고 기업이라도 가족기업이라면, 골프장을 만들어도 된다. 자기 돈을 자기가 쓰는 거니까. 하지만 대학위원회가 남의 돈을 그들의 피보호자들을 위해서 지출해야 한다면, 반드시 경제성을 따져봐야 하지 않을까?

크리스마스 연설의 그 다음 구절 역시 내게는 그다지 크리스마스답게 느껴지지 않았다.

"병원은 건강기계가 아닙니다. 노인들은 젊은 사람들과 마찬가지로 도움을 받아야만 합니다."

이 문장은 경제학자로서 나에게 대단히 모욕적으로 들린다. 효율성이 병원에서 젊은 사람을 노인보다 더 많이 도와주는 것과 같은 뜻이라고 그는 단정짓고 있다. 도대체 어디서 이런 기묘한 상상이 나왔을까?

나는 대통령이 이런 말들을 하면서 효율성이 아닌 다른 것, 즉 이익추구를 생각했을 거라고 믿는다. 그런데 그건 틀렸다. 효율성이란 현금소득, 이익, 혹은 이와 유사하게 자유주의자들의 편견에 사로잡힌 개념들과는 전혀 상관이 없다. 효율성을 비판하는 사람들은 대부분 효율성을 소득, 이익, 배금주의와 같이 생각한다. 그리고 소득이나 효율성 같은 개념을 목표나 가치관과 혼동하고 있다.

그리고 여기에는 사고의 결함이 있다. 효율성을 비판하는 사람들이 정말로 생각하고 있는 것은 목표 중심주의다. 나는 사람들이 사치를 옹호한다고는 생각하지 않는다. 그들이 정말로 원하는 것은, 빠듯한 예산을 자신들이 좋고 진실하고 필요하다고 여기는 것들을 위해서 지급하는 것이다. 그건 비난받을 일이 아니다. 모든 사람은 무엇이 좋고, 진실하며, 정부가 재정을 어떤 일에 지출해야 하는지에 대해 각자 나름대로의 견해를 지니고 있다. 그렇다면 왜 사람들은 "나는 정부가 대학과 병원을 위해서 좀 더 많은 돈을 지출해야 한다고 생각해"라고 말하지 않을까? 나도 그런 말에는 찬성할 수 있다. 내가 찬성하고 싶지 않은 것은, 사람들이 자기 자신의 선호도와 가치관을 진, 선, 미라는 명목으로 내게 강요하려고 드는 것, 그리고 그런 것들을 위해 수단을 사용하는 것이 훨씬 도덕적이라고 주장하는 것이다.

따뜻한 심장은 차가운 머리를 필요로 한다

내가 차라리 개발국가들을 위해 돈을 지출해야 한다고 반론을 제기한다면, 대통령의 반응은 어땠을까? 분명 내 의견에 동의했을 것이다. 하지만 바로 그 순간, 납세자의 가죽은 딱 한 번만 벗겨서 분배할 수 있다는 사실을 지적하게 될 것이다. 대학 설립이든 개발도상국 지원이든. 아무리 도덕적으로 최고의 계획이라도, 모든 돈은 단 한 번만 지출될 수 있다는 사실에서 벗어날 수는 없다. 그리고 이 사실을 받아들이는 사람은 언제라도 효율적인 행동에 찬성해야만 한다.

나는 대통령이 유대감과 자선의 가치를 주장한다면, 그의 말이 맞다고 생각한다. 그리고 누구도, 아무리 냉정한 경제학자라도 냉정함을 좋게 생각하지는 않는다. 하지만 유대감도 자원이 없다면 생겨나지 않는다. 그리고 어디에선가 자원이 낭비될 때마다, 즉 비효율적으로 쓰일 때마다 우리가 자선을 베풀 수 있는 자원이 줄어든다. 따라서 효율성은 자선을 위한 전제조건이라고까지 볼 수 있다. 자금을 절약하면 자선을 할 충분한 수단을 소유할 수 있다. 기업이 언제 기부를 할 수 있다고 생각하는가? 이익이 발생했을 때인가, 아니면 파산했을 때인가? 정부는 어떻게 도와줄 수 있는가? 목적의식적으로 도움이 필요한 사람을 품안에 끌어들이면서일까, 아니면 돈을 창밖으로 내던지면서일까?

효율성이란 도덕적 범주에서 벗어나 낭비를 막을 수 있도록 도와주는 개념이다. 이는 목표가 아니라, 특정한 목표에 도달하기 위한 수단이다. 병원을 건립하고, 가족을 먹여살리고, 아이들을 난폭 운전자에게서 보호하기 위한 수단인 것이다. 그래서 빠듯한 자금을 낭비하는 사람은 내가 보기에 비도덕적이다. 그는 이 자금이 그런 목표를 달성하기 위해서 가능한 한 잘 사용되는 걸 방해하기 때문이다.

이제 당신은 내가 싸우고 있는 것이 목표가 아니라 그런 목표에 어떻게 하면 가장 잘 도달할 수 있는지에 관한 양식과 방법임을 깨달았을 것이다. 내 월급봉투를 걸고 장담한다. 나처럼 효율적으로 자금을 사용하려고 한다면, 경제는 도덕적으로 추악하다는 생각을 가진 사람들보다 병원을 더 많이 세우고, 보다 많은 아이들을 난폭 운전자로부터 보호하고, 내 가족을 보다 잘 보살필 수 있을 것이다.

이런 점에서 정치인들은 효율성을 추구해야 할 책임이 막중한 사람들이다. 개인적인 영역에서의 낭비는 개인적인 문제지만, 국민의 세금으로 공적인 업무를 하는 사람들은 자신들에게 맡겨진 자금을 주도면밀하게, 그리고 절약해서 처리해야 할 책임을 지고 있다. 우리에게 필요한 정치인이란 냉철한 계산으로 자신들에게 맡겨진 세금을 주의 깊게 다뤄서, 그렇게 절약한 돈으로 심장의 명령을 따를 수 있는 사람들이다. 따뜻한 심장은 차가운 머리를 필요로 한다.